アーリヤ人の誕生

新インド学入門

長田俊樹

講談社学術文庫

はじめに

インド学と聞くと、みなさんはどんな学問を想像されるのだろうか。

インド学というからには、インドの言語・社会・文化・歴史・経済・政治等々、インドに関する人文・社会科学による総合的な研究をさすにちがいない、そう考えている人が圧倒的ではないだろうか。

しかし、インド学とはそういう学問ではない。実は、こうした南アジアの総合的地域研究がある（近年、特定の国をさすインドとは呼ばず、インド亜大陸を中心に広がる地域である南アジアと呼ぶ）。それは南アジア学、あるいはもっと一般的には南アジア研究と呼ばれている。この南アジア研究は、インド学よりもずっとあたらしい学問分野である。日本南アジア学会が設立されたのは一九八八年である。それに対して、ヨーロッパにおけるインド学の成立は十九世紀にさかのぼる。

明治以降、日本は西洋からの学問移入によって、アカデミズムを確立してきたが、それ以前から、すでに西洋ではインド学がはじまっていた。その西洋でサンスクリット語を学んだ南條文雄（一八四九―一九二七年）が帰国後、現在の東京大学ではじめて梵語（サンスクリット語）を教えたのは一八八五（明治十八）年のことである。日本においても、明治の終わりまでには、インド学の中心をなす印度哲学や梵語の講座が、東京帝国大学や京都帝国大学に設置されており、インド学は南アジア研究と比べれば伝統のある学問なのである。

では、インド学とはどんな学問なのか。

基本的には、インドの古典語であるサンスクリット語で書かれた文献を読み、その文献をもとに、そこに展開されている宗教・哲学・思想などを咀嚼（そしゃく）することを目的とする。咀嚼、まさしくなんどもなんども読み、その内容を自分のものとして消化することが重要なのである。つまり、インド学とはインド古典文献学といいかえても、決してまちがいではない。サンスクリット語文献があれば、それでインド学は成立する。

事実、皮肉なことに、インド学はインドで発達した学問ではない。十八世紀末からサンスクリット語文献を集めてきたヨーロッパを中心に発達してきた。日本におけるインド学の開祖といわれている南條文雄が、オックスフォード大学で、当時のインド学の権威フリードリヒ・マックス・ミュラー（一八二三―一九〇〇年）に師事して以来、同じくマックス・ミュラーの門下生であり、現在の東京大学で梵語学講座の初代教授となった高楠（たかくす）順次郎（一八六六―一九四五年）をはじめ、インド学をこころざす人々はインドではなく、ヨーロッパをめざした。今もヨーロッパにアメリカが加わっただけで、その伝統は変わらない。南條や高楠の師であったマックス・ミュラーもインドに一度も足を踏み入れたことがなかったが、インドにじかにふれなくとも、インド学は十分やっていける、そんなふしぎな学問なのである。

インドへ行かずとも、インド学は成立する。それ自体大問題だ。しかし、問題はそれだけではない。このインド学には、次々と疑問がわいてくる。まず、サンスクリット語で書かれた文献だが、これは現代インドについて書かれたものではない。たいていは紀元前のもので、最古のサンスクリット語文献『リグ・ヴェーダ』にいたっては、紀元前一二〇〇年頃（この年代に異議をはさむ人たちがいるが、詳しくは本文で述べる）成立したといわれている。今から三二〇〇年前のことだ。すなわち、そんな古い時代のインドを研究すること、それを「インド学」といっていることになる。これもまたふしぎだ。そのふしぎさは、たとえば『古事記』や『万葉集』に描かれている日本を研究することで、日本学や日本研究と名のることを想定してみれば、よく理解してもらえるだろう。『古事記』や『万葉集』はたかだか一三〇〇年前なのに対し、ヴェーダ文献となれば、さらにその倍以上の時間が経っている。

つぎに、なぜサンスクリット語文献だけで、インドを代表させるのか。

これもまた問題だ。周知のように、サンスクリット語だけがインドにおける唯一の言語ではない。サンスクリット語の子孫ともいうべきインド・アーリヤ語族、南インドに分布するドラヴィダ語族、そしてインド中部のムンダ語族（実は、私はこのマイナーな言語を専門とする）とインド北東部のチベット・ビルマ語族、さらにベンガル湾に浮かぶ島々アンダマン諸島で使われているアンダマン諸語、以上五つの系統のことなる言語が混在している。それが現代インドの言語分布だ。

もちろん、サンスクリット語以外に、インドには書記文献がないのであれば、百歩ゆずって、サンスクリット語文献に依存してもいたしかたないとあきらめることもできよう。

ところが、サンスクリット語以外にも、独自の文字と古い文献を有する言語がれっきとして存在するのである。とりわけ、古典タミル語にはサンガムと呼ばれる文献が豊富にある。近年のインド学はこうした古典タミル語文献へも関心をよせているが、これとてインド古典文献学という枠組みはあくまでも堅持した上でのことで、現代語への関心はあいかわらずない。たとえ古典タミル語文献などがインド学の対象となったとしても、インド学の名のもとで無視されつづける無数の言語とその言語による文献が存在することにはなんらかわりない。とりわけ口承文芸などは、文献とすらみなされていないのではなかろうか。

こうしたサンスクリット語研究を中心としたインド学への批判は、インドに長く滞在し、現代インドの言語と格闘している人々ならば、だれでも感じることである。

しかし、サンスクリット語の問題はなかなか一筋縄ではいかない。というのは、現代インドにおいても、サンスクリット語が話されているからだ。幸か不幸か、現代の日本では万葉時代の日本語を話す人はいない。この点は、日本の事例と単純に比べるわけにはいかない。だがインドでは、おどろいたことにサンスクリット語を母語とする人々が、国勢調査をすると二十一世紀の現在でも存在する。また、衛星放送時代をむかえているインドには、サンスクリット語による衛星放送ニュース番組まである。

宗教と密接にむすびついたサンスクリット語は、ヒンドゥー教の儀礼や祭式において、今でも使用されている場合が多い。サンスクリット語がそのまま使われていない場合でも、現代インド・アーリヤ諸語や、もともとは系統がちがう現代ドラヴィダ諸語においてさえも、サンスクリット語の語彙が多く借用されている。つまり、現代語を研究する上においても、ある程度のサンスクリット語の知識が不可欠だ。サンスクリット語がたんなる古典語ではないところが、問題を複雑にしているのである。

私はインド諸言語のうち、ムンダ語族を専門とする。とくに、ジャールカンド州（二〇〇〇年十一月に成立）の州都ラーンチー市周辺に広がるムンダ語の記述をおこなってきた。また、一九八四年七月から一九九〇年十月まで、ラーンチー大学部族地域言語学科に在籍し、六年以上にわたる留学生活をおくった。そして、少数民族ムンダ人とともにくらし、ムンダ語やムンダ文化の研究をおこなってきた。こうした研究を通して考えると、前述したようなインド学への疑問点がますますふくらんでいった。

サンスクリット語は、インド文化の多種多様な面において、その程度の差はあるにしても、重要である。そのことを全面的に否定しようとは思わない。

しかし、いくらサンスクリット語がインド学の中心であるからといって、インド文化＝サンスクリット語文献という図式だけを承認させていいのか。ムンダ文化やその他の少数民族文化まで視野に入れた、多文化共生時代にふさわしいインド学をなんとか樹立することができないものか。その思いが本書の出発点である。

インド学や言語学といった学問が十九世紀ヨーロッパでどのように発展してきたのか。また、発展の過程で、それらの学問がいかに西欧中心主義によって推し進められていったのか。本書の第Ⅰ章から第Ⅲ章にかけて、その歴史をふりかえってみたい。その際、「アーリヤ人」という概念をキー・ワードに「オリエンタル・ルネッサンス」と呼ばれる時代背景のもと、印欧比較言語学がどのように形成されていったのか。そして、その印欧比較言語学がいかにして「アーリヤ人」概念を生んでいったのか。それらを検証する。

このような西欧中心主義への反動からか、こんどは二十世紀のインドにおいて、アーリヤ人侵入説に対する反発の声が起こる。とくに、一九九〇年代以降では、ヒンドゥー・ナショナリズムの高揚とともに、「アーリヤ人の侵入」を裏付ける考古学的証拠がみあたらないことから、反「アーリヤ人侵入説」をとなえる運動が勢いを増している。そこで第Ⅳ章では、「アーリヤ人侵入説」をめぐるインドでの動向を、南アジア考古学の発展とともにみていきたい。

しかし、「アーリヤ人」概念の形成史とそれに対するインドにおける西洋中心主義への反対運動史が本書のメイン・テーマではない。また、本書によって、「アーリヤ人侵入説」の是非をめぐる論争に決着をつけるのが目的でもない。こうした論争はどちらの立場を採るにしても、「インド文化=サンスクリット語文献」といった図式を認めた上での議論である。本書はその図式こそを問題とする。つまり、インドには「サンスクリット語文献」に描かれた世界だけではなく、南インドに広がるドラヴィダ世界もあれば、ムンダ人をはじめとする少数民族世界もあって、多元的世界を形成しているのである。そこで、第Ⅴ章では、その多元的世界の一例として、私自身の体験を通して、少数民族、とりわけムンダ人の世界をかいまみることにする。

本論に入るまえに、本書でなんども登場する「アーリヤ」という名称について、一言述べておきたい。すでに、お気づきの読者もいらっしゃるかもしれないが、「アーリヤ」は「アーリア」とも表記される。本書では「アーリヤ」を使用するが、むしろ後者の「アーリア」に慣れ親しんでいる読者のほうが多いかもしれない。歴史学において、本書の主題であるインド古代史の問題としては「アーリヤ人の侵入」と表記されることが多いのに対し、ナチスがユダヤ人迫害の根拠としたのは「アーリア人種説」と呼ぶのが一般的である。一方、筆者の専門とする言語学においては、ヒンディー語やベンガル語などを「現代インド・アーリア諸語」と表記するのが通例である。通例にしたがって、それぞれのコンテキストにそくして、「アーリヤ」と「アーリア」を使いわけることも考えたが、読者の無用な混乱をさけるために、本書では引用をのぞいて、すべて「アーリヤ」という名称で統一した。

なお、引用文は翻訳のあるものは邦訳本を利用したが、英文のものはとくにことわらない限りすべて筆者自身の訳である。原文に近い表現を考慮しながら、訳にこころがけたが、誤訳や曲解などがあるかもしれない。識者からのご指摘、ご教示を待ちたい。

目次

インド全図

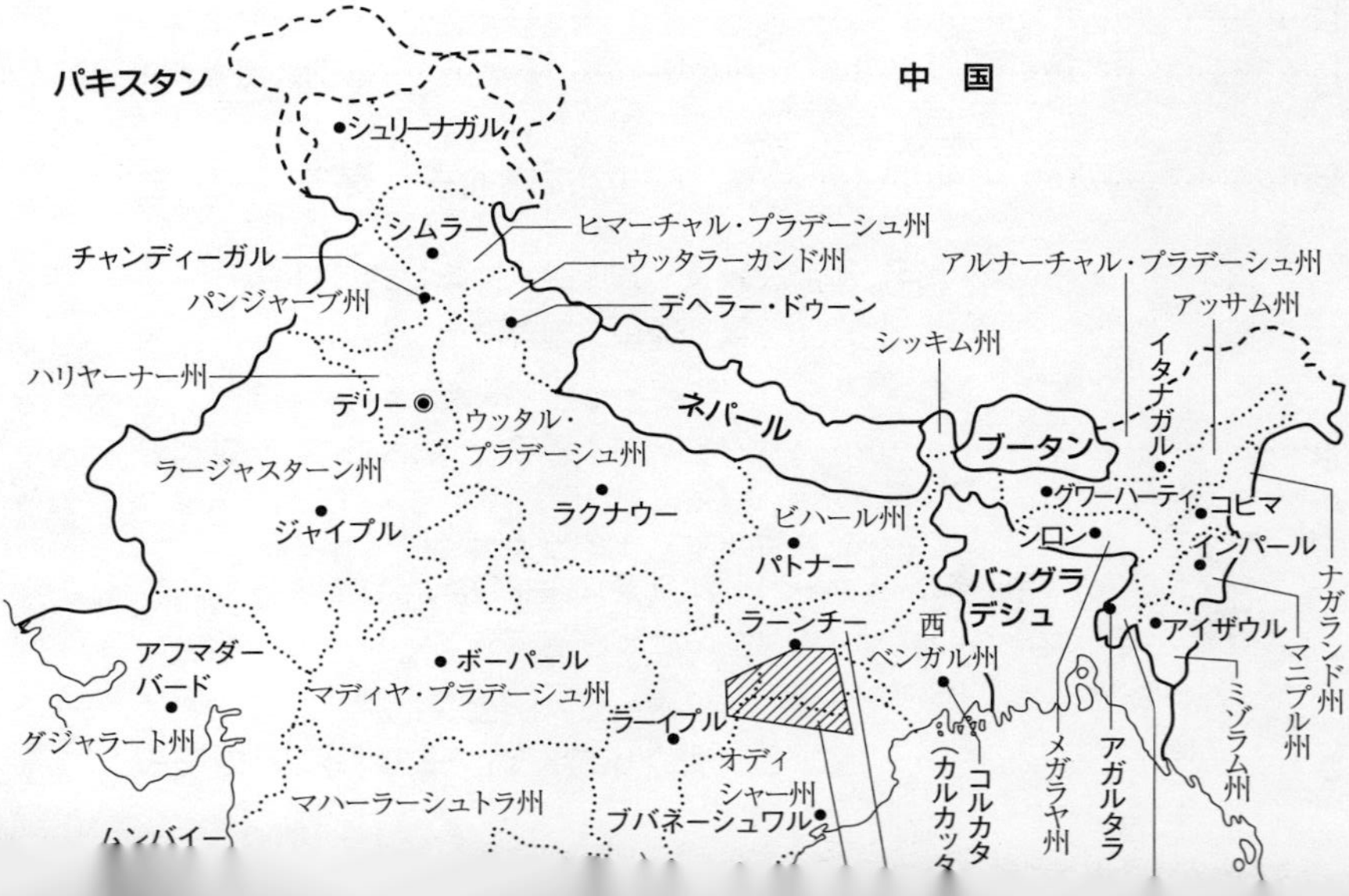

パキスタン
中　国
シュリーナガル
シムラー
ヒマーチャル・プラデーシュ州
チャンディーガル
ウッタラーカンド州
パンジャーブ州
デヘラー・ドゥーン
アルナーチャル・プラデーシュ州
アッサム州
シッキム州
ハリヤーナー州
イタナガル
デリー
ウッタル・プラデーシュ州
ネパール
ブータン
ラージャスターン州
ラクナウー
グワーハーティ
コヒマ
ジャイプル
ビハール州
シロン
インパール
パトナー
バングラデシュ
ナガランド州
ラーンチー
西ベンガル州
アイザウル
マニプル州
アフマダーバード
ボーパール
マディヤ・プラデーシュ州
ミゾラム州
グジャラート州
ラーイプル
コルカタ（カルカッタ
メガラヤ州
アガルタラ
オディシャー州
マハーラーシュトラ州
ブバネーシュワル
ムンバイー

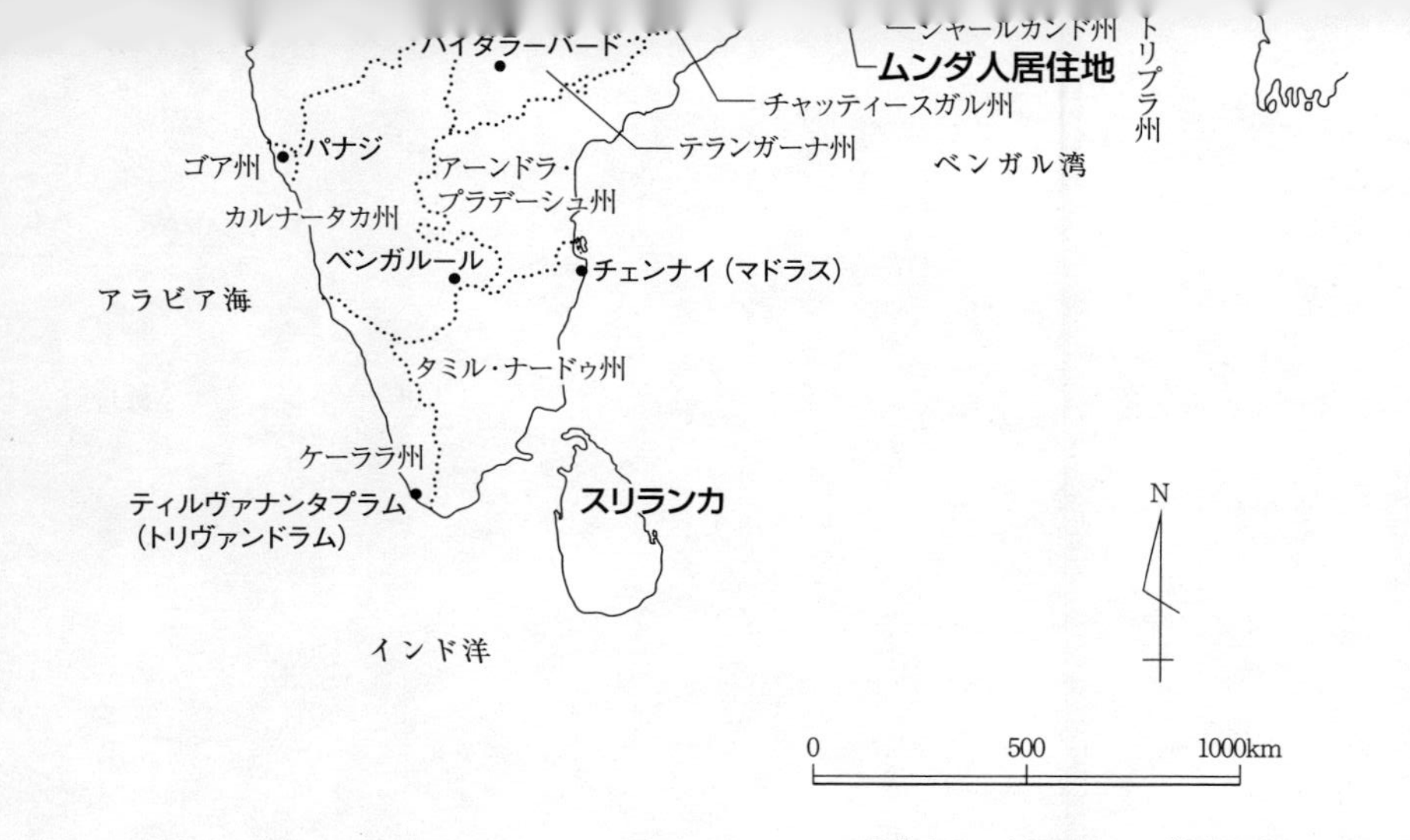

＊地名表記は原則として『新版 南アジアを知る事典』平凡社、2012年に準拠した。

アーリヤ人の誕生

新インド学入門

第I章　インド学の誕生

——十八世紀末から十九世紀初頭のインド・カルカッタ——

一　ウィリアム・ジョーンズと言語学の誕生

言語学の誕生

言語学が誕生したのはいつか。

その問いに答えるのは簡単ではない。言語学を専攻する研究者にその問いを発したならば、すべての研究者が同じ答えを出すのではなく、いくつかの答えがえられるはずだ。最近の若い研究者ならば、

「アメリカの言語学者チョムスキーが生成文法を提唱した著作『統辞構造論』を発表した一九五七年が言語学の誕生の年である」

と、答えるかもしれない。

私の専門も言語学である。

「ずいぶんむずかしいことをやっているのですね」

とみょうに感心されることがある。

一般的に言語学がむずかしい学問とイメージされるのは、おもにつぎの二つの場合が考えられる。まず、言語学が複雑な文法構造を相手にしているからという場合、そして構造主義の影響による言語学の記号論的側面を意識して、むずかしいと思われている場合、そのどちらかではないかと私は考えている。最近では、前者の方が後者よりも多いのではないか、と

も推測している。

英語や日本語の文法構造をむずかしい学術用語や記号を使って表現する。実際、そういったイメージにあった研究に取り組んでいる人がかなりいる。言語学の創始者について、マサチューセッツ工科大学のノーム・チョムスキー（一九二八年生）と答える言語学研究者の多くはこの部類に属する。言語学の最終目的は、チョムスキーが提唱した普遍文法の解明にある、そう宣言する言語学者がアメリカにはあふれかえっているのだから、とくにアメリカで言語学の洗礼を受けた人のほとんどは、この一九五七年をもって言語学の誕生とみているのではなかろうか。授業で、そう教えている人に出会うこともしばしばある。

では、後者の記号論などとむすびついた言語学を研究している人、つまり、一九六〇年代頃から、ヨーロッパにおける構造主義の隆盛とともに、おもにフランスの構造主義を通して言語学をはじめた人たちならば、言語学の誕生について、どう答えるだろうか。そういう人たちは、

「ソシュールとともに言語学が誕生したのはまちがいないのだから、ソシュールの『一般言語学講義』が出版された二十世紀初頭が言語学誕生の時期である」

と、おそらく答えるだろう。

フェルディナン・ド・ソシュール（一八五七―一九一三年）の死後、かれの弟子たちによって刊行された『一般言語学講義』（一九一六年）（小林英夫訳、岩波書店、一九七二年）には、構造主義の基本的な概念が描かれている。いわば『一般言語学講義』は構造主義者たち

のバイブルとなっている。クロード・レヴィ＝ストロース（一九〇八―二〇〇九年）やロラン・バルト（一九一五―八〇年）に代表される構造主義は、一九六〇年代から世界的に広がり、日本でも大きな影響力を持っていた。その六〇年代から七〇年代にかけて、言語学を学んだ人たちが「ソシュールこそが言語学の創始者である」と考えたとしたら、それは当然のなりゆきである。

ここまで、二つの解答例を紹介した。そのいずれの答えも決してまちがいではない。なにをもって言語学とみなすのか。それぞれの研究者がいつ、どのように、だれから言語学を学んだのか。また、それぞれの研究者が対象とする言語はなに語で、その言語のどんな分野に関心があり、どんな言語理論を枠組みとして研究をおこなっているのか。これらの問いは言語学の定義とからむ根元的な問題をふくんでいる。これらの根元的な問いへの答えによって、さまざまな立場の相違が生じる。そうした立場のちがいによって、言語学の誕生の時期、つまりなにをもって言語学の誕生とみるか、という問いに対する答えもおのずと変わってくるのである。

では、私はなにをもって言語学の誕生とみるのか。それは他の言語学者と同様に、私の言語学との遭遇と密接に関わる。私はいろいろと回り道をしたあげく、理学部地質学鉱物学科から転部して、文学部で言語学を学びはじめた。一九七八年のことだ。その当時、「比較言語学こそが言語学の王道だ」と考える言語学者がまだまだかなりいた。私の理解にあやまりがなければ、私の先生たちもそう考えていたように思う。しかし、時代とともに、比較（歴史）言語学ばなれが急速に進み、私が受講した、インド・ヨーロッパ語族の比較言語学研究の基礎となる「比較方法」といった授業をおこなう言語学専攻コースはほとんどなくなってしまった。とりわけ日本人の比較言語学ばなれは、ほかの言語理論や統語論への関心が高いだけに、きわだつ。

それはさておき、「比較言語学こそが言語学の王道」の時代に言語学をはじめた私は、風間喜代三（一九二八年生）の『言語学の誕生』（風間　一九七八）に引用されたウィリアム・ジョーンズ（一七四六―九四年）のこの発言から比較言語学が誕生した、と教えられたが、その言葉を今でも忘れることができない。以下に風間の訳で、引用しておこう。

サンスクリットは、その古さはどうあろうとも、驚くべき構造をもっている。それはギリシア語よりも完全であり、ラテン語よりも豊富であり、しかもそのいずれにもまして精巧である。しかもこの二つの言語とは、動詞の語根においても文法の形式においても、偶然つくりだされたとは思えないほど顕著な類似をもっている。それがあまりに顕著であるので、どんな言語学者でもこれら三つの言語を調べたら、それらは、おそらくはもはや存在していない、ある共通の源から発したものと信ぜずにはいられないであろう。これはそれほどたしかではないが、同じような理由から、ゴート語とケルト語も、非常に違った言語と混じり合ってはいるが、ともにサンスクリットと同じ起源をもっていると考えられる。またもしこの場でペルシアの古代に関する問題を論議してもよいな

らば、古代ペルシア語も同じ語族に加えられよう。(風間　一九七八、一三―一四頁)

インドの古典語であるサンスクリット語とヨーロッパの古典語であるギリシア語・ラテン語が、時代をさかのぼれば「おそらくはもはや存在していない、ある共通の源から発した」という発言こそがインド・ヨーロッパ語族確立の礎となり、まさしく比較言語学の誕生を意味している。この発言の言語学史的位置づけについては、田中利光（一九三五―二〇一七年）の論文「ウィリアム・ジョーンズと印欧語族の認識」（田中　一九八八）によって、すでに詳細に検討されている。田中はこのジョーンズの一節をめぐる言語学史的先行研究を紹介し検討したのちに、「彼〔ジョーンズ〕は、やがて印欧語と呼ばれることになる主要な諸言語の関係の急所を的確に捕らえていた」（同書、七五頁。〔　〕内は引用者による補足。以下同様）と指摘している。

カルカッタのベンガル・アジア協会に置かれたウィリアム・ジョーンズの石膏像

ペンシルヴァニア大学のヘンリー・ヘーニヒスワルト（一九一五―二〇〇三年）のように、言語学者によっては、ジョーンズの言語学史上の意義について軽視する声もある。しかし、私も田中と同様、ジョーンズの印欧語族理解は「急所を的確に」把握していたとみる見解を支持する。なお、風間の訳では「サンスクリット」として、「サンスクリット語」と呼んでいない。これは、すでに「サンスクリット」に「サンスクリット語」の意味がふくまれているからという理由による。日本のインド学においては、「サンスクリット」という表記が一般的だが、本書では無用な混乱をさけるために、引用以外では、すべて「サンスクリット語」を使用する。

このウィリアム・ジョーンズの講演をもって言語学の誕生とする見解は、前述した「チョムスキー説」や「ソシュール説」より、はるかに一般的で、生成文法や構造主義の教科書といった特別なものをのぞけば、多くの言語学教科書に記載されている。つまり、入試問題として、「近代比較言語学の創始者はだれか」と出題され、答えとして、「①チョムスキー、②ソシュール、③ウィリアム・ジョーンズ」の三択が用意されれば、③を答えとするといったコンセンサスがえられている。ただし、選択肢に、後述するフリードリヒ・シュレーゲルやフランツ・ボップといった名前が入ると、だれを正答とみなすか、むずかしくなる。

一方、出題を「近代比較」をのぞいた「言語学の創始者」とした場合、意見は分かれる。比較言語学などは言語学ではないと考える立場の研究者のなかで、生成文法を探究することこそが言語学だと考える人々ならば、当然のごとく①と答えるにちがいない。また、比較言語学が言語学の王道だと考える研究者でも、「言語学の創始者」という質問自体がおかしいとすぐに気がつくはずだ。よほどの比較言語学至上主義者でもないかぎり、①のチョムスキーという答えをまちがいとみなすことはしないだろう。それぐらいの立場の差は十分容認されているのではないか。私はそう理解している。

冒頭から、言語学の誕生をめぐる、立場のちがいによる三通りの解答例を紹介したが、なぜ、紹介したのか。それは、本書のテーマと深く関わるからだ。本書で採り上げる「アーリヤ人」問題も、それぞれの研究者の立場によって、見解がことなる。そしてその立場が政治的な場合も多い。したがって、事実を検討する以前に、政治的立場によって答えが出てしまっているケースも多い。言語学の誕生については、模範解答として、ある種のコンセンサスはあるものの、あえて一つだけを認めるのではなく、三つの解答がありうることをしめした。つまり、立場のちがいによって、ことなる解釈が成立することを、実例をもってしめしたかったのである。

立場のちがいをお互いに認めあうためには、事実やデータが信頼できるものでなければならない。言語学を専門とする研究者のなかで、比較言語学にまったく関心がない人も多い。しかし、そういった研究者たちも、比較言語学がウソやでっちあげでないことは認めている。ところが、第Ⅳ章でふれる反「アーリヤ人侵入説」を展開する人々のなかには、言語学は科学的ではないとして、最初から言語学そのものを認めない人々が登場する。こうした立場ではなにも解決はしない。つまり、それぞれの立場を非難しあい、わが立場だけが正統派で、そのほかの答えは認めないとしたら、議論の余地がない。生産的な議論こそが、よりよいインド理解に進む。それが私の基本的な立場である。本書では、なるべく立場の相違を越えて、いろいろなデータを採り上げていきたい。
まずはインド学の創始者でもあるウィリアム・ジョーンズとは、どんな人で、なにをしたのか。これからみていこう。

ウィリアム・ジョーンズの仕事と生涯

ウィリアム・ジョーンズは一七四六年、ロンドンで生まれた。父ウィリアム・ジョーンズ（一六七五―一七四九年）は数学者で、万有引力を発見したアイザック・ニュートン（一六四二―一七二七年）のよき協力者で、一七三七年には王立協会の副会長に就任し、ニュートンの数学的哲学を大衆向けにポピュラーなものとするのに多大なる貢献をした。しかし、ジョーンズが三歳の誕生日前の一七四九年に死去する。父をなくしたジョーンズは女手一つで育てられ、パブリック・スクールの有名校であるハロー校を経てオックスフォード大学に進学し、一七六八年に卒業している。ジョーンズは十代の頃から語学の才能を発揮し、ハロー校時代にはラテン語とギリシア語をマスターし、オックスフォードではペルシア語とアラビア語を修得した。

この学生時代に、将来を左右する人々との出会いがあった。ハロー校時代に、ラテン語やギリシア語を教えたのは、のちに岳父となるジョナサン・シップレー（一七一四―八八年）である。かれは英国教会の牧師で、のちにウィンチェスター英国教会主席牧師となるが、アメリカ独立運動に尽力したベンジャミン・フランクリン（一七〇六―九〇年）と親しく、

『フランクリン自伝』(一七九一年)(松本慎一・西川正身訳、岩波文庫、一九五七年)の冒頭の注釈には、「この村にフランクリンの親友ジョナサン・シップレーの屋敷があり、フランクリンはここに滞在中に自伝の執筆をはじめた」(五頁)とある。のちに、ジョーンズは政治運動に関わるが、フランクリンの影響は強く、一時はアメリカに移住を考えるほどだった。また、このシップレーの推薦で、オックスフォード大学に進学後、スペンサー伯爵家で家庭教師をすることとなる。このスペンサー伯爵(ジョン、一七三四—八三年)はウィッグ党の有力なパトロンであり後ろ盾であったことから、元来保守的なトーリー党の牙城であるオックスフォードにありながら、ジョーンズはウィッグ党の支持者となる。また、ジョーンズの教え子、二代目スペンサー伯爵(ジョージ、一七五八—一八三四年)は、ジョーンズの生涯を通しての友人であった。

ジョーンズは大学卒業後、法曹界で身を立てるために、一七七〇年にミドル・テンプル法学院に入学し、一七七四年には弁護士資格を取得し、巡回裁判官となる。この間、法律の勉強のかたわら、東洋学の研究を進め、一七七〇年には『ペルシア王ナディル・シャー伝』をデンマーク王の求めによって、ペルシア語からフランス語に翻訳出版し、一七七三年には英語版も出版した。また、一七七一年には英文による『ペルシア語文法』を出版し、翌年には『アジア諸言語からの翻訳による詩集』を出版する。こうした東洋語や東洋文学研究が認められ、一七七三年からインドに旅立つ一七八三年まで、『サミュエル・ジョンソン伝』(一七九一年)(全三巻、中野好之訳、みすず書房、一九八一—八三年)で知られる、ときの文豪サミュエル・ジョンソン（一七〇九―八四年）が主宰する文学クラブの正式メンバーとなり、『ローマ帝国衰亡史』（一七七六―八八年）（全一〇巻、中野好夫訳、ちくま学芸文庫、一九九五―九六年）を執筆した歴史家エドワード・ギボン（一七三七―九四年）や『国富論』（一七七六年）（全四巻、水田洋監訳、岩波文庫、二〇〇〇―〇一年）の経済学者アダム・スミス（一七二三―九〇年）などと交流する。

一七七六年七月四日、アメリカの独立が宣言されるなか、ベンジャミン・フランクリンの影響のもと、アメリカ独立を支持する立場から、ジョーンズは政治的なパンフレットを書き、政治活動にコミットする。一七八〇年には、オックスフォード大学の議席を選ぶ下院選挙に立候補するが、準備不足がたたり敗退する。また、一七八二年に書いた『学者と農民との対話における統治の原理』は、「王が政治的な自由を認めないのならば、罰せられるべきである」とか、「王が自分勝手に法律を作ったり、変えたりするならば、王は追放されなければならないし、そのために学者は農民に武装することを忠告する」といった記述が問題となり、出版者であるウィリアム・シップレー（一七四五―一八二六年、ジョナサンの息子で、ジョーンズの義兄となる）は治安妨害侮辱罪で訴えられることとなる。

一方でジョーンズは、一七七八年からベンガル最高法院判事を志願していた。ところが、こうした政治的な立場が災いし、また判事の任命権を持っていた大法官サーロウ卿ともおりあいがよくなかったことから、なかなか許可がおりなかった。しかし、一七八二年に大蔵省国庫管理首席となったシェルバーン卿の口添えで、ようやく一七八三年、念願かなってベンガル最高法院判事に任命され、長年の恋人であったアンナ・マリア・シップレー（一七四八―一八二九年）と結婚。また、ナイトの称号も与えられ、カルカッタ（現コルカタ）に赴任する。

ジョーンズはなぜカルカッタ行きを望んだのか。ジョーンズの研究者たちの間では、生活のためだったという説が一般的であり、その根拠として、高収入をあげている。しかし、はたしてお金だけが理由なのか。疑問は残る。ムガール帝国時代のインドにおいて、法廷で使用される言語はペルシア語で、『ペルシア語文法』を著したことのあるジョーンズにとって、インドの地はそれまでの研究と断絶するものではなかった。また、かれの東洋研究への情熱を考えると、お金だけではない、なにかをもとめていたことはまちがいないのではなかろうか。

ジョーンズは一七八三年四月十二日、カルカッタに向け、ポーツマス港を出航し、五ヶ月後の九月二十五日にカルカッタに到着している。その船上の七月十二日のメモによれば、今後カルカッタでおこなう調査対象として、つぎの十六項目をあげている。

(1) ヒンドゥー法とイスラム法
(2) 古代史
(3) 聖書記述の証明と実例
(4) 洪水などに関する伝承

(5) インドの現代政治と地理
(6) ベンガル統治の最善策
(7) アジアの算数と幾何学、混合科学
(8) インドの薬学と化学、外科、解剖学
(9) インドの天産物
(10) アジアの詩と修辞学、倫理
(11) 東洋諸国の音楽
(12) 詩経、三百の中国の詩
(13) チベットとカシミールの最善の記述
(14) インドの貿易、工業、農業、商業
(15) ムガール帝国憲法
(16) マラータ王国憲法

比較言語学の創始者として名を残したジョーンズだが、カルカッタに向けた船のなかでは言語学について、あるいはサンスクリット語についても、いっさいふれていない。もっとも、この時点ではサンスクリット語を習っていないのだから、当然といえば当然である。しかし、ここで特筆すべきは、カルカッタにわたる時点ですでに、職業としての法律家に必要な研究だけではなく、かなり広範囲な研究対象を頭のなかで描いていたということである。

そして、のちに述べるように、その調査対象プランがカルカッタ到着後に、ベンガル・アジア協会創立として結実していったのである。イギリス本国では、政治活動で窮地に立たされたジョーンズだったが、新天地カルカッタでは、新たな生活を楽しんだ。そして、前述の調査を実現すべく、ベンガル・アジア協会創設に尽力する。

この協会設立のアイデアは、妻の叔父ウィリアム・シップレーが一七五四年に芸術・産業・商業奨励会を設立したことからヒントをえたともいわれている。同奨励会は、その後一七六八年には、会長ジョシュア・レイノルズ卿（一七二三―九二年）のもと、発展的に王立芸術アカデミーとなる。レイノルズはサミュエル・ジョンソンの文学クラブの仲間であり、ジョーンズの肖像画も残しているが、そのレイノルズの影響があったこともまちがいない。そして、もちろん、ジョーンズ一人の力で、ベンガル・アジア協会が設立されたわけではない。設立に際しては、ときのベンガル総督ウォーレン・ヘイスティングズ（一七三二―一八一八年）の協力があった。ヘイスティングズ自身、ペルシア語を学び、妻への手紙にはサンスクリット詩の一節を引用するなど、東洋学に関心を持つ人であった。

こうして、ヘイスティングズの奨励のもと、ジョーンズはアジア研究のための協会結成を呼びかけ、一七八四年一月十五日、その呼びかけに賛同した三十人が最高法院の一室に集まって、ベンガル・アジア協会が設立される。当初、ヘイスティングズが会長に就任する予定だったが、固辞したために、ジョーンズが会長に就任、就任記念講演をおこなっている。これ以後、毎年二月に、ジョーンズは年次記念講演をおこなうが、先に引用したものは一七八六年の第三年次記念講演会での一節である。

　アジア協会の運営が軌道に乗ると、一七八八年には、機関誌として『アジア研究』を創刊。すぐにフランス語やドイツ語にも訳され、ジョーンズの名とともに、ベンガル・アジア協会の研究成果が世界をかけめぐることとなる。この『アジア研究』の出版により、ヨーロッパにおけるインド再発見という一大センセーションをまきおこす。それが後述するようなオリエンタル・ルネッサンスへとつながっていく。

　カルカッタに到着した当初、ジョーンズはサンスクリット語を学ぶ気はなかった。というのも、ベンガル・アジア協会の創設メンバーであるチャールズ・ウィルキンズ（後述）がすでに、サンスクリット語を手掛けていたからだ。ところが、ウィルキンズが健康上の理由から、早めに帰国する可能性があったこと（実際には一七八六年帰国）と、裁判をする上で、どうしてもサンスクリット語の知識が必要だと実感したことで、一七八五年九月に、ジョーンズはついに、インド人教師からサンスクリット語を習いはじめる。したがって、引用した講演の一節はサンスクリット語を学習しはじめて、四ヶ月ほどしか経っていないときのものである。

　裁判のため、あるいはヒンドゥー法を知るためにはじめたサンスクリット語だが、もともと文学青年だったジョーンズは、法律以上にサンスクリット文学に関心をよせ、一七八九年にはカーリダーサの『シャクンタラー姫』（辻直四郎訳、岩波文庫、一九七七年）を、一七九二年にジャヤデーヴァの『ギータ・ゴーヴィンダ』（小倉泰訳、東洋文庫、二〇〇〇年

(『ヒンドゥー教の聖典 二篇』)を翻訳出版する。前者についていえば、ジョーンズの英訳本からドイツ語にも翻訳され、ゲーテが感動して、一詩をよんだことが知られている。また、この頃インドのイソップ物語と比定される『ヒトーパデーシャ』(金倉圓照・北川秀則訳、岩波文庫、一九六八年)も翻訳するが、これが出版されるのはかれの死後の一八〇七年である。

ジョーンズは、サンスクリット文学の翻訳だけを残したわけではない。本職である法律家として、ヒンドゥー法のダイジェスト版も完成させている。それは、かれの死後、一七九四年に『マヌ法典』(田辺繁子訳、岩波文庫、一九五三年(『マヌの法典』)/渡瀬信之訳、東洋文庫、二〇一三年)として出版される。この間病気がちだったジョーンズは、判事を辞職して、イギリスにもどるための申請をおこなっている。しかし、その矢先の一七九四年四月二十七日、肝臓炎のため四十七歳の生涯を閉じた。

ウィリアム・ジョーンズの調査対象

ウィリアム・ジョーンズがイギリスからカルカッタへの船上で創案した、十六項目の「調査対象」については前述したが、それにもとづいた「アジアの歴史、市民、自然、古代、芸術、科学、そして文学について調査するための協会設立に関する講演」と題する講演がある。ほかでもないベンガル・アジア協会設立にあたっての講演である。そのなかで、ジョーンズはわれわれの調査対象は「人間と自然」(講演録では、わざわざ大文字で表示)であると宣言したあと、つぎのように述べている。

人間の知識は頭脳の三つの偉大な働き、つまり記憶、理性、想像によって分析され、その三つの働きは観念を配列し、保有し、比較し、区別し、連合し、分岐するのにいつも使用され、その観念はわれわれの感覚を通して看取され、思索によって獲得される。それゆえ、学問の主要三部門は歴史、科学、そして芸術である。第一（歴史）は天然の産物についての報告か、または帝国や国家の真正な記録からなる。第二（科学）はすべての純粋、あるいは混合数学の範囲と、倫理学と法律学が理性力に依存しているかぎりにおいて、それらをいっしょに包含する。そして、第三（芸術）は想像の美と創造の魅力のすべてをふくみ、それらは調整された言語によって表示されるか、色、形、音によって表現されるのである。(Jones 1807, Vol. 3, pp. 5-6)

これがジョーンズ自身の独創的な学問観なのか、その時代の共通の認識なのか、私の限られた知識ではわからない。しかし、現在の学問領域からすると、ずいぶんとことなる。倫理学と法律学がなぜ科学とされるのか、現在の感覚からいえば理解に苦しむ。現在と変わらないのは芸術の範囲ぐらいか。ただし、第十年次記念講演では理性に対応するものとして、フランス人は科学というが、ギリシア人は哲学というと述べて、全体を哲学としてまとめ、その内実をなす分野として哲学、化学、物理学、解剖学、形而上学をふくめている。また、第十一次記念講演ではタイトルは哲学となっているが、理性に対応するのは科学で、その科学に属する分野として、生理学、薬学、形而上学、論理学、倫理学、法学、自然哲学、数学をあげている。このことから、ジョーンズの学問観がゆれうごいていたことが読み取れる。ジョーンズはこのあと、具体的な調査対象をあげて言語にふれている。

有益な知識の進歩へのかなしい障害物となる、そして多様で難解なるアジアの言語を、私が（調査対象から）除外してきたことに、あなたがたはお気づきかもしれない。しかし、私は言語を真の学問のたんなる手段とずっとみなしてきた。そして、言語を学問そのものと混同するのは不適切だと考えている。しかしながら、言語の獲得は必要不可欠なものである。もし、ペルシア語、アルメニア語、トルコ語、そしてアラビア語に加えるとしたならば、いまやわれわれがドアの鍵をはずすことを望んでいる宝石箱である、サンスクリット語だけではなく、中国語、タタール語、日本語も、そして多種多様な半島の方言も加えるべきである。そして豊富な地下資源を持つ鉱山が開かれようとしており、その鉱山で労働に従事することは喜びと利益を等しく持つことである。（Jones 1807, Vol. 3, p. 7）

いろいろな言語を学ぶのは、手段であって、学問の目的ではない。十九世紀後半に、「言語科学」樹立に奔走したフリードリヒ・マックス・ミュラー（一八二三―一九〇〇年）は、ウィリアム・ジョーンズをあまり評価していない。ジョーンズの「言語は学問の対象ではない」という発言に反発していたのかもしれない。それにもかかわらず、言語学史上、ウィリアム・ジョーンズは「比較言語学の創始者」として名を残している。それに対し、マックス・ミュラーは言語学者としてはほとんど評価されていない。むしろ、宗教学者や神話学者として名を残している。これは、歴史の皮肉としかいいようがない。

それはさておき、ジョーンズが「手段としての言語」とさりげなくいうのは、ジョーンズが比較的苦労せず諸言語を習得していったからにほかならない。われわれならばこうはいかない。

ジョーンズがいかに諸言語に通じていたかをしめす資料がある。『ジョーンズ全集』(Jones 1807) 第二巻の二六四頁に掲載された手記によれば、「丹念に学習した」(以下、この部分は田中 一九八八の訳にしたがう) 諸言語として、英語、ラテン語、フランス語、イタリア語、ギリシア語、アラビア語、ペルシア語、サンスクリット語をあげ、「より習熟度は劣るが、辞書が一冊あればすべてわかる」諸言語として、スペイン語、ポルトガル語、ドイツ語、古北欧語、ヘブライ語、ベンガル語、ヒンディー語、トルコ語をあげ、さらに「なかで一番習熟度は劣るが、一応はわかる」諸言語として、チベット語、パーリ語、パフレヴィ語、デリ語、ロシア語、シリア語、エチオピア語、コプト語、ウェールズ語、スウェーデン語、オランダ語、中国語をあげ、合計二十八言語に通じていたことがわかる。また、この手記とはべつの手記には、ロシア語文法とウェールズ語文法を読んだとある。驚異的な語学力である。今の時代では、「言語学を専門としています」といいながら、英語と日本語しかできない人が多い。これだけで、ジョーンズに脱帽してしまうのは私だけではあるまい。

以上、ウィリアム・ジョーンズの生涯とかれの仕事ぶりをみてきた。最後に述べたように、ジョーンズは言語習得能力に秀でていた。それだけで、十分評価されてもいいのかもしれない。しかし、そんな評価は些末的なことであって、植民地体制のなかでのジョーンズの役割こそが問題である、という立場のほうが一般的である。そうした立場からのジョーンズに関する評価については、ベンガル・アジア協会の活動をみたあとで、検討してみたい。

二　ベンガル・アジア協会とウィリアム・ジョーンズに対する評価

インド学の成立とベンガル・アジア協会

ウィリアム・ジョーンズの評伝の著者、S・N・ムケルジー（一九三三年生）によると、「インド学の開始は一般的には〔ベンガル〕アジア協会の誕生と関連づけられ、ジョーンズはしばしば「インド学の父」とみなされている」（Mukherjee 1968, p. 91）。そこで、ベンガル・アジア協会のもと、ジョーンズ以外に、だれがどんな仕事をしたのか、おもにデヴィッド・コフ（一九三〇―二〇二三年）の『英国東洋学とベンガル・ルネッサンス』（Kopf 1969）とO・P・ケジャリワル（一九四四年生）の『ベンガル・アジア協会とインドの過去の発見』（Kejariwal 1988）にもとづいて、みていこう。

ジョーンズがベンガル・アジア協会を設立する以前に、すでにカルカッタに滞在し、ジョーンズに影響を与えた人がいる。ナサニエル・ブラッシー・ホールヘッド（一七五一―一八三〇年）とチャールズ・ウィルキンズ（一七四九―一八三六年）である。

ホールヘッドはジョーンズのハロー校からの友人で、オックスフォードでも学友であった。かれは一七七二年から七八年まで、カルカッタに滞在し、ヘイスティングズの命を受け、一七七六年にはペルシア語から英訳して『ヒンドゥー法典』を出版。一七七八年にはジョーンズの『ペルシア語文法』を模範とした『ベンガル語文法』を出版している。

ホールヘッドがイギリスに帰国した一七七九年から、ジョーンズがカルカッタに赴任する一七八三年まで、二人の間には交流があり、ホールヘッドはジョーンズが現地の状況を知るのに多大な貢献をした。また、「サンスクリット語が古く、ラテン語とギリシア語と親族関係にある」ことを、ホールヘッドはジョーンズ以前に「発見」していたことが知人への手紙からあきらかになっている。このことから、友人のジョーンズにも、そのことを教えていた可能性が高いとして、ジョーンズの印欧語族発見に異議をとなえるペンシルヴァニア大学のロザンヌ・ロシェ（一九三七年生）のようなインド学研究者もいる。しかし、たとえジョーンズにいろいろなアイデアを示唆する人がいたとしても、ジョーンズの講演の価値はまったくゆるがないと、私はみている。むしろ、こうした仲間にめぐまれ、ベンガル・アジア協会を組織していったジョーンズの人徳こそを評価すべきではなかろうか。

一方、ウィルキンズは、一七七〇年から東インド会社の社員としてカルカッタに滞在し、一七七八年からサンスクリット語に関心をよせるようになり、サンスクリット語を最初に現地で、本格的に学んだヨーロッパ人の一人である。一七八五年に、『バガヴァッド・ギーター』(上村勝彦訳、岩波文庫、一九九二年)をサンスクリット語から英語に翻訳出版したのをはじめ、一七八六年に健康上の理由によりヨーロッパにもどったあとも、一七八七年には『ヒトーパデーシャ』を英訳し、一八〇八年には『サンスクリット語文法』を上梓している。そして、ウィルキンズはこの文法書をヨーロッパで印刷、出版するために、サンスクリット語のデーヴァナーガリー文字の活字をつくらせている。しかし、その活字の原版が火事で焼失してしまったために、刊行が大幅におくれてしまった、というエピソードを残している。ジョーンズ以前に、サンスクリット語をマスターしていたウィルキンズは、ジョーンズがサンスクリット語を習得するきっかけをつくった先駆者として、わすれてはならない存在である。

以上、ホールヘッドとウィルキンズの二人を紹介したが、この二人こそがジョーンズ以前に、カルカッタでインド学を手掛けていた主要人物である。

ジョーンズ以後のベンガル・アジア協会

ジョーンズの死後、ベンガル・アジア協会の活動は衰退する。ジョーンズ時代には毎週一度、会が開かれていたのに、かれの死後は会の回数も参加者も激減する。とくに、一八〇〇年には、九回しか開催することができず、しかも一回の参加人数も九人を超えることがなかった。そのベンガル・アジア協会を立て直したのが、ヘンリー・トーマス・コールブルック（一七六五―一八三七年）である。

コールブルックは父、ジョージ・コールブルック（一七二九―一八〇九年）が東インド会社の会長をつとめていた関係で一七八三年、まだ十代の若さでカルカッタにやってくる。カルカッタ到着後、しばらく仕事がみつからなかったが、一七八六年には税徴収補佐官となっている。コールブルックは税徴収という仕事柄、インドの人々と直接接触する機会が多かったことから、インド学に関心をよせるようになる。ジョーンズの死後、ヒンドゥー法の研究を継承し、一七九七年から九八年にかけて、四巻からなる『ヒンドゥー法要覧』を出版した。これにより、コールブルックのサンスクリット語学者としての名声が高まり、一八〇五年には、カルカッタのフォート・ウィリアム・カレッジのサンスクリット語教授となっている。カレッジではヴェーダの研究に力を入れる一方、学生のために、ウィルキンズの訳を訂正しながら『ヒトーパデーシャ』（一八〇四年）、『サンスクリット語文法』（一八〇五年）の第一巻を出版した（第一巻しか出版されなかった）。そして『サンスクリット語辞典』（一八〇八年）の編纂を手掛けるなど、サンスクリット語教育に邁進する。そのかたわら、ジョーンズと同様、法律家も兼業し、一八〇一年には控訴裁判所の判事、そして一八〇五年には控訴裁判所の所長となる。一八〇七年四月には、コールブルックはベンガル・アジア協会の会長となり、名実ともに、カルカッタにおけるサンスクリット語研究の屋台骨となったのである。

コールブルックはジョーンズの継承者として、ベンガル・アジア協会を立て直すだけではなく、裁判官としても活躍したが、一八一五年に、三十数年のインド生活を終え、イギリスへ帰国する。帰国後は、一八二三年に、グレート・ブリテンおよびアイルランド王立アジア協会を設立し、その会長として活躍し、後述するオリエンタル・ルネッサンスへ多大なる影響を与えた。

さらに、ヨーロッパへサンスクリット語やインド文化をもたらした人として、ホレイス・ヘイマン・ウィルソン（一七八六―一八六〇年）も重要な役割を果たした。もともとは外科医として、一八〇八年カルカッタに赴任。『ウィリアム・ジョーンズ全集』（Jones 1807）第一巻として出版されたジョーンズの伝記に触発され、サンスクリット語をはじめ、一八一〇年からベンガル・アジア協会の会員となり、翌年からは協会の書記をつとめた。一八一三年にはカーリダーサの『メーガドゥータ（雲の使者）』を英訳出版。一八一九年に、『サンスクリット語辞典』を刊行し、コールブルックの後継者として、名のりを上げた。

ベンガル・アジア協会の研究の中心は古代だったが、ウィルソンはヴェーダからムガールの台頭におよぶ研究の空白期間、中世やパンジャーブ、オリッサ（現オディシャー）といった地方史に関心をよせ、碑文や文献史料などの解読による歴史研究に力をそそいだ。また、サンスクリット語文献のなかであまり研究がなされていなかったプラーナの研究に注目し、傾注した。そして、一八二〇年代には、ウィルソンの指導のもと、仏教研究が奨励される。その結果、ヒマラヤの動植物を記述採集したことで知られるブライアン・ホートン・ホッジソン（一八〇〇―九四年）がネパールで仏教文献を収集し、その莫大な収集文献はパリの国立図書館に送られ、のちにフランスは仏教学が盛んになるが、その礎を築いた。

インド学の初期には、サンスクリット語を学ぶことは、ヒンドゥー法やサンスクリット文学などを研究することに限られていたが、サンスクリット語研究に従事する人が増えていくとともに、インド哲学やヒンドゥー教、そして仏教へと、研究分野の裾野を広げていくこととなった。おもしろいことに、現在でもこれらがほぼインド学の研究分野である。つまり、十九世紀半ばまでには、インド学の全容があきらかになり、その研究分野が固定されたこと、さらに見方を変えれば、その後インド学があたらしい分野を開拓してこなかったことをしめしているともいえる。

ウィルソンは、二十数年インドに滞在後、一八三二年、オックスフォード大学のサンスクリット語講座主任教授に就任し、イギリスに帰国する。帰国後の一八四〇年に『ヴィシュヌ・プラーナ』を、一八五〇年には『リグ・ヴェーダ』の第一巻を、それぞれ刊行する。一八六〇年に死去した際には、後任人事をめぐって、マックス・ミュラーとモニエル・モニエル＝ウィリアムズが争うことになるが、これについては第Ⅲ章で詳しく述べる。

もう一人、ヨーロッパにおけるインド再発見に重大な役割を果たした人物がいる。それはアレクサンダー・ハミルトン（一七六二―一八二四年）だ。ハミルトンについては、不明な部分が多く、どこで生まれ、いつカルカッタにわたったのかの記録は残されていない。生年は、ここではハミルトンの評伝（Rocher 1968）を書いたペンシルヴァニア大学のロシェによる。ロシェはハミルトンの追悼記事のなかの死亡年齢から逆算することで生年を推定している。

ハミルトンの最初の痕跡は、一七八五年に、カルカッタで歩兵隊の旗手をつとめていた記録が残されている。しかし、一七九〇年には除隊し、その後一八〇〇年までの消息はよくわかっていない。ただ、カルカッタ滞在中に、一七八四年から八九年にかけて、ベンガル・アジア協会の会員だったこと、そしてサンスクリット語をマスターしたことだけは確認されている。このように不明な点が多いハミルトンではあるが、なぜ注目されたのか。それは第II章で詳述するフリードリヒ・シュレーゲルに、パリでサンスクリット語を教えたからである。

ハミルトンは一七九七年頃、イギリスに帰国。エジンバラに居をかまえ、一八〇〇年頃から、『アジア年次記録』や『エジンバラ・レビュー』にアジア研究についての書評や論評を書くようになる。ところが、一八〇二年、たまたまパリに滞在中だったハミルトンは、ナポレオン戦争のために、敵国人として捕虜となり、イギリスに帰国できなくなる。捕虜として牢獄に入れられる英国人も多いなか、ハミルトンはナポレオンにちかいヴォルネー伯爵（コンスタンタン＝フランソワ・シャスブーフ、一七五七―一八二〇年）の庇護のもと、捕虜の身ながら、シュレーゲルにサンスクリット語を教えたり、国立図書館のカタログを作成したり、自由な活動がゆるされていた。この自由な活動のおかげで、第II章で述べるように、パリは十九世紀初頭に「初期インド学の首都」となったのである。

一八〇六年、ハミルトンは解放され、イギリスに帰国する。帰国後前述したチャールズ・ウィルキンズの推薦によって、東インド・カレッジ（東インド会社がインドに派遣する官吏を教育する機関）のサンスクリット語教授に就任。一八一〇年には『ヒトーパデーシャ』を、同年から一八一二年には『ヒトーパデーシャのサンスクリット語の文法的分析』を出版した。一八一八年にカレッジを退官し、一八二四年に死去した。言語学史上、燦然と輝く比較言語学者であるドイツ人ボップもハミルトンの教えを受けた一人である。ボップは『ナラ王物語』（鎧淳訳、岩波文庫、一九八九年）の翻訳出版（一八一九年）のために、イギリスにわざわざ出向いて、すでに退官していたハミルトンをたずねて、教えを請うなどしている。ドイツのサンスクリット語研究発展のうらには、ハミルトンというイギリス人がいたことをわすれてはならない。なお、ハミルトンの庇護者、ヴォルネー伯爵の名を冠したヴォルネー賞については第Ⅲ章で述べる。

イギリスはなぜインド学の中心地となれなかったか

以上、十八世紀末から十九世紀にかけての、ジョーンズ以外のイギリス人東洋学者の生涯と業績をみてきたが、一つの疑問が残る。それは、こうした東洋学者を輩出しながら、なぜイギリスは東洋学の中心地とならなかったのか、という疑問である。

最大の要因はイギリスが植民地支配、植民地経営を優先させたことにある。ジョーンズに代表される「温情主義知印派」（近代インド史家松井透（一九二六―二〇〇八年）による命名）は、イギリスで台頭する功利主義のまえに、やぶれさる。その功利主義者の代表的存在がジェームズ・ミル（一七七三―一八三六年）である。『自由論』（一八五九年）（関口正司訳、岩波文庫、二〇二〇年）、『ミル自伝』（一八七三年）（朱牟田夏雄訳、岩波文庫、一九六〇年）などで知られるジョン・スチュアート・ミル（一八〇六―七三年）の父である。

ジェームズ・ミルは一八一七年に『イギリス領インド史』を刊行し、そのなかで、インドの現状を野蛮蒙昧な状態にあると位置づけ、インド統治の根本的改革を主張した。松井透によると、このミルの著作は「インド問題に関するスタンダード・ワークとしての地位を確保し、イギリス人のインド観・アジア観を方向づける上に、これほどまでに深刻な影響を与えた書物は史上他にあるまいとまでいわれるほどになった」ために、ジョーンズたちの著作は「ミルの名声に圧倒されて日かげに追いやられがち」（松井　一九六五、一〇七頁）であった。

本書のテーマはイギリスのインド支配ではないので、この点についてはこれ以上追求しない。ここでは、イギリスにはインドの文化的豊かさを強調することに不快感を持つ人々がいて、かれらはカルカッタでのサンスクリット語研究を正当には評価せず、オリエンタル・ルネッサンスの華は、イギリスではパッとしなかったことだけを指摘するにとどめる。ロマンあふれるヨーロッパ人の高邁なる思想的ふるさとインドよりも、「ヒンドゥーイズムの呪縛による人類史上その比を見ないほどの精神的肉体的奴隷状態」（同書、一〇八頁）をいかに改良し統治していくか。イギリスがこちらに比重をおいたのは、植民地経営を正当化するためには当然の帰結だったといえるのではないだろうか。

皮肉なことに、のちにイギリスのインド学が名声を博すのは、ドイツから移住したマックス・ミュラーのおかげである。もともとカルカッタからイギリス経由で発信された「インド再発見」ののろしは、燎原の火のようにヨーロッパに広がっていったが、イギリスでは功利主義者たちの消火活動によって、風前の灯火に等しい状態となっていた。インド学の灯火を再びともすには、もはやドイツから再輸入するしか方法がなかった。そこで登場したのがマックス・ミュラーである。それでもマックス・ミュラーはオックスフォード大学のサンスクリット語講座教授のポストをめぐる戦いには、ドイツ人という理由（それだけではないようだが）から敗北し、結局は比較言語学（比較文献学）教授となる。ここにはヨーロッパといっても、イギリスと、ドイツおよびフランスの間にある、歴然としたインドに対する温度差がみてとれる。こうした違いが生まれた経緯の詳細は、本書を読み進めるうちに、はっきりとするはずである。

植民地支配者としてのウィリアム・ジョーンズ

ここまで、ウィリアム・ジョーンズとベンガル・アジア協会を中心に活躍したインド学者をみてきた。しかし、十九世紀のイギリスではインド学の伝統がつづかなかったことは前節の最後で指摘したばかりだ。それでは、二十世紀、第二次世界大戦後の研究者はジョーンズやベンガル・アジア協会の活動をどう評価しているのだろうか。否定的にみる見解を二つ紹介しよう。一つは日本人の歴史家による評価、そしてもう一つは有名なエドワード・サイード（一九三五―二〇〇三年）の『オリエンタリズム』（一九七八年）（サイード 一九九三）のなかのジョーンズ批判をみていきたい。

最初に、インド近代史、とりわけイギリスがどのようにインドをとらえ、いかなる植民地政策をおこなってきたか、「イギリスのインド支配の論理」をテーマとして、研究をつづけてきた松井透の見解を紹介する。

松井が「ウィリアム・ジョーンズのインド論とインド統治論」と題する論文を、『東洋文化研究所紀要』第四四冊に発表したのは一九六七年である（松井 一九六七）。その論文のなかで、ジョーンズのカルカッタ滞在中の活動にしぼって、「学者としてのかれではなく、一思想家としてのかれ」を対象とし、「かれがヨーロッパとアジアをいかに対比し、インドの文化や社会をいかに観察し、この地におけるイギリスの植民地支配にいかなる態度をとりいかなる構想を抱いたか」（同書、六九頁）を考察している。考察の結果、松井はこう結論づけている。

かれの論議は、方法的統一性や論理的一貫性を顧みるより前に、かぎりなく横へ横へと、多方面に広がってゆく傾向を色濃く示していた。したがって、全体をまとめて、インド文化は古く高度の水準に達していたとか、東西文明を対比すれば西の優位が古くから認められてきたとか、そう主張するかれの「総論」は、理論的構築においてははなはだ弱体であった。それは多方面に広がった「各論」の上に浮かぶ、一種の印象論にすぎなかった。すべての論議を体系づけるべき論理が、人類進歩の筋道の上で各文明を位置づけるべき座標軸が、かれにあっては欠如していたわけである。（松井　一九六七、一二一頁。旧漢字、旧かな遣いなどは、新漢字、現代かな遣いに改めた。以下同様）

そして、ジョーンズのインド論については、つぎのように指摘する。

欠点もあり長所もあるだろうが、全体としてインドの社会や文化が独自の主体性をもっていることを承諾し、これに深く介入しないという tolerance の姿勢を――世界の多元性を容認する姿勢を――とることになるのであった。（松井　一九六七、一二二頁）

こうした松井によるジョーンズへの考察は、基本的にまちがっているとは、私は思わない。しかし、なぜ否定的に語られているのか、そこがわかりにくい。それは、「このようなインド論を背景とするかれの植民地統治論は、当然、体系的原理論を欠き、旧社会を打破してゆこうとする攻撃的姿勢を欠いていた」（松井　一九六七、一二四頁）からで、ジョーンズのインド社会・文化への調査・研究は「伝統に即した統治を実現するために正しい伝統を探り出す」（同書、一二四頁）ためにおこなわれ、「「よき統治」ということと、伝統の調査・研究とは、かれにあってひとつに結ばれていた」（同書、一二五頁）からである。それ「ゆえにジョーンズは、ただこの統治がイギリスの栄誉と利益につながることを指摘して、無謀な試みをつつしみ、「よき統治」にはげむよう説けばよかった」し、「かれの植民地統治論は、強い召命感につき動かされる積極的・改革的・攻撃的性格の論議と縁が遠く、一歩退いて土地の伝統を尊重し、多面的な観察と「バランス」のとれた判断を尊ぶ実際家的態度に結びついていたわけである」(同書、一二六頁)。さらに、「植民地支配がイギリスの利益になる、ということをジョーンズが主張するとき、けっきょくそれを、富がインドからイギリスへ送られる、という形」でかれは理解していたが、これは「伝統的東インド貿易に従うヨーロッパ商業資本的立場にたいする、かれの思想の親近性を認めた」(同書、一二六頁)ことをしめし、植民地統治に対する「人類普遍妥当性を主張するような、道義的反省がほとんど試みられていない」(同書、一一七頁)ことを、松井は指摘する。つまりは、ジョーンズは植民地支配に肯定的で、インドの悪い面を知りながらも、それを改革することすらしなかった現状肯定派であった、というわけである。

まず、松井の立場と時代的背景のちがいからくるのだろうか、松井がなんども指摘する「かれの学問や思想や関心が、体系構成よりは横への広がりに、全体よりは個別に注意を奪われ、形式的分類と印象論的総括以外に全体をまとめあげる論理を欠いて、一種博物学的様相を呈する」(松井　一九六七、一二四頁)ことは、はたして批判的に語られるべきことなのか。私には、まったくわからない。「体系づけるべき論理」がないことや「人類進歩の筋道の上で各文明を位置づけるべき座標軸」を欠くことが否定的に述べられているが、これはどうも一九六〇年代の時代的要請にもとづくものではないのか。ジョーンズの学問が「博物学的様相を呈する」ことは、少なくとも二十一世紀に生きる私には否定的な側面だとは思えない。とくに、多文化主義が叫ばれ、文化相対主義の時代には「世界の多元性を容認する姿勢」は肯定的に語られることがあっても、否定的に語られることはない。

やや唐突だが、この松井の批判から想起されるのは南方熊楠（一八六七―一九四一年）のことだ。博物学者南方熊楠は体系的な論理に欠けるとされ、あまり評価されてこなかった。戦前、昭和天皇にご進講をしたことも、天皇制を容認する保守派として、評価されない一因となったが、その後その博物学的知識ゆえに、「南方マンダラ」として再評価され、今日にいたっている。熊楠を天皇制を容認していたという側面のみでとらえていたとすれば、戦後民主主義の時代には天皇制に反対する進歩的知識人が多かっただけに否定的にみられただろう。同様にジョーンズが植民地の裁判官として植民地行政をささえてきた側面を強調すれば、第二次世界大戦後には植民地支配を公式に肯定する立場はほとんどなかったことから、ジョーンズに対する否定的な回答があらかじめ用意されていたことが想定できる。したがって、「学者としての」ジョーンズをのぞいたかたちで、ジョーンズのインド論を展開するのは、出発点からして、すでに松井の立場が反映されていることになる。

私は、「ジョーンズ・マンダラ」を提唱する意図はない。しかし、論文集『調査対象』(Cannon and Brine (eds) 1995) や『ウィリアム・ジョーンズ卿　一七四六―一七九四年』(Murray (ed) 1998) には、「アラビア学者としてのジョーンズ」(Murray (ed) 1998) や「知識の編み方――ジョーンズとパンディット（インド人サンスクリット学者）」(Cannon and Brine (eds) 1995）など、ジョーンズの多種多様な側面が取り上げられている。こうしたトータルなジョーンズにあたってから、「ことに本稿のような角度からの研究の場合、新しい史料を追加してみても、それほど目新しい結論はでてこないのではないか」（松井 一九六七、七二頁）というべきではなかったのか。あるいは、松井の自信にみちた宣言は、このような「角度」は修正の必要のないほど鋭角なものなので「目新しい結論」が出ないということなのか。

植民地支配下のインドに、支配する側のイギリス人が裁判官として赴任した。一方、あるヨーロッパ人がサンスクリット語を修得し、インドのシェイクスピアといわれるカーリダーサの戯曲『シャクンタラー姫』を英訳した。後者だけを取り上げたなら、「この翻訳は植民地支配の「よき統治」を考えておこなわれている」などと考える人はほとんど皆無だろう。しかし、植民地支配下の裁判官という立場を重要視すれば、そこに還元して浮き上がる像は『シャクンタラー姫』さえも統治の一道具とみえてくる。

一方、裁判官はたんに生活のためで、かれのほんとうにこころざしたものは文学であったとみると、まったく立場は変わってくる。そういった立場に立てば、『シャクンタラー姫』や『ヒトーパデーシャ』の翻訳こそがジョーンズの仕事であって、かれの学問を評価せずに、植民地支配に関する態度を問題にするのはおかしいと感じるのではないか。

私は植民地支配をまったく問題にするなとはいわないし、完全に後者の立場にたっているわけでもない。また、私と松井とのジョーンズの読みに決定的なちがいがあるわけではない。ただ、ジョーンズの肯定的な側面を強調するのが私の立場で、否定的な面を強調する松井との間に立場の差がある。人間には悪い面もあれば、いい面もある。そして、いくつもの面を持っている。公と私。職業と学問。凡人と天才。前者を重点的にみるのか、後者を重点的にみるのか。その立場の差は、言語学の誕生時期への解答がちがったように、お互いに容認しあえるのではないか。そう楽観している。

オリエンタリズムの創始者としてのウィリアム・ジョーンズ

つぎに、エドワード・サイードの見解を取り上げよう。

サイードは一九七八年に出版された『オリエンタリズム』によって世界的に有名になった、コロンビア大学の英文学・比較文学教授である。いまや、「オリエンタリズム」という用語が一人歩きしている感すらあるが、もう一度サイードにもどって、「オリエンタリズム」の定義を確認しておこう。

サイードによれば、「オリエンタリズムは「東洋（オリエント）」と（しばしば）「西洋（オクシデント）」とされるものとのあいだに設けられた存在論的・認識論的区別にもとづく思考様式」（サイード 一九九三、上、二〇頁）であって、「オリエンタリズムとは、オリエントを支配し再構成し威圧するための西洋の様式（スタイル）」（同書、上、二一頁）とみなす。私の理解に誤りがなければ、サイードのいう「オリエンタリズム」とは「伝統的な偉大なる東洋学」とは対極にある、しかも中立的なたんなる「専門分野としての東洋学」でもなく、「無色透明な東洋学」などありえないといわんばかりの強烈に否定的な意味を持ち、「自己／他者」という二分法において、自己の様式を他者に押しつけてきた西洋を断罪している、とみてよかろう。サイードは西洋の代表とオリエントの対象を、それぞれ「英・仏・米のアラブおよびイスラムをめぐる経験」（同書、上、四九頁）に限定しているが、本書に登場するドイツにおけるロマン主義的なインド観は除かれている。それは多くのサイード批判者が指摘する点だ。

　ここまでの本書の主役、ウィリアム・ジョーンズについては、もともとアラビア語やペルシア語を手掛けたこともあり、サイードによる批判の対象となっている。その一節を以下にあげる。

> 一七八四年一月、ジョーンズはベンガル・アジア協会の創立大会を催したが、これは、インドにおけるイギリス王立協会の役割を果たすものであった。ジョーンズは、この協会の初代会長として、また判事として、東洋（オリエント）と東洋人（オリエンタルズ）についての実践的な知識を身につけ、それによって、のちには押しも押されもせぬオリエンタリズムの創始者となるのであった。支配し知識を得、しかるのち東洋（オリエント）と西洋（オクシデント）とを比較すること、それがジョーンズの目標であった。そして、オリエントの無限の多様性をつねに法則や数字や習慣や作品の「完璧なる要約（ダイジェスト）」にまで圧縮し、コード化しようという抑えがたい衝動によって、彼はついにこの目標を達成したものと信じられているのである。（サイード　一九九三、上、一八五―一八六頁）

これまでみてきたように、「言語学の誕生」に関わったジョーンズは、ムケルジーが指摘するように「インド学の父」でもあった。そして、こんどは「オリエンタリズムの創始者」だ、という。もちろん、オリエントを「コード化しようという抑えがたい衝動」はジョーンズだけのものではなく、ベンガル・アジア協会自体が批判の対象であることはいうまでもない。「オリエンタリズム」に否定的な意味が強調されているだけに、サイードを極度に矮小化していることを十分承知した上で感想を述べることがゆるされるならば、この文章からは、ジョーンズこそは悪の源泉、ベンガル・アジア協会は悪の巣窟だと感じられたとしても、ふしぎではあるまい。

実は、二〇〇二年二月、私は本書執筆のために、ウィリアム・ジョーンズが永眠する墓地をたずねてきた。インド留学時代から、ジョーンズの墓をたずねたいと思いながら、いつでも行ける（留学中に、少なくとも五十回以上、留学先のラーンチーとカルカッタ間を往復した）という気楽さとおっくうさで、これまで行ったことがなかった。ジョーンズが南パーク・ストリート墓地に埋葬されていることは留学中から知っていた。カルカッタの中心に広がるマイダーン（広場）の東側にチョウロンギー通りが南北に走っている。このチョウロンギー通りから南東ななめに走る通りがパーク・ストリートである。そのチョウロンギー通りとパーク・ストリートが交差するところに、ベンガル・アジア協会がある。

まったくの余談だが、留学の年、一九八四年は、ちょうどベンガル・アジア協会創設二百年にあたり、それを記念して、倉庫にねむる在庫一掃セールとばかりに、協会が刊行した雑誌や出版物が出版当時の値段で売られていたことが思い出される。手に取ると、それだけで手が真っ黒になる雑誌を、私の専門に関連する論文が掲載された号を中心に、信じられないほどの安価で買い込んだ。それでも、今となってみると、「十九世紀刊行の雑誌がただ同然で手にはいったのに」とか、「あれもこれも買っておけばよかったのに」と、はずかしいがあさましいことだけが脳裏をよぎる。ひょっとすると、これこそがオリエンタリズムの源泉なのかもしれない。そういうと、冗談の度がすぎるとおしかりを受けかねないが。

それはさておき、このベンガル・アジア協会から、パーク・ストリートを下っていくこと二十分。南パーク・ストリート墓地が右手にみえてくる。この墓地は一七六七年四月二十五日に開設され、おもにヨーロッパからインドにやってきた人々が埋葬されている。ジョーンズの墓は、ひときわ高い四角錐の尖塔が建ち、二十一世紀をむかえるにあたって、尖塔は白く塗りかえられたばかりだったが、お世辞にも、きれいとはいえない。ジョーンズが創設したベンガル・アジア協会は、今では会長以下、スタッフはインド人でしめられているが、その協会が二万ルピー（日本円に換算すると五万三千円程だが、インドの大学教授の月収ぐらいの金額である）をかけて、化粧直しをしたという。墓地を清掃していた人々が「ビースハジャール」（二万）と何度もくりかえしていたのが印象深い。その当時、長年にわたって、左派共産党を中心とした左翼連立西ベンガル州政権下にあったカルカッタにおいてさえも、ジョーンズは決して糾弾や批判の対象ではなく、サンスクリット語をはじめ、インドに光をあてた人として、顕彰されていることだけはまちがいないと、この墓をみて思った。

まだ二月だというのに、強烈な日射しがさしていた。この時期、カルカッタでは、ブック・フェアーが例年開催される。留学して、はじめてのブック・フェアーでは、この日射しのせいで日射病となり、病院にかつぎこまれて、点滴をしながら病院で一夜をすごしたことがある。ジョーンズの墓の前にたたずんで、強烈な日射しをあびていると、そんなことがよみがえってきた。その日射病の記憶をきっかけに、六年間の留学生活が走馬灯のように脳裏をかけめぐった。そして、いつのまにか、自分の留学体験とジョーンズのカルカッタ生活をオーバーラップさせている自分がいた。

カルカッタのウィリアム・ジョーンズの墓

電気・ガス・水道もない時代に、温暖なイングランドから、雨季には雨に埋没し、暑季には灼熱の太陽が照りつけるカルカッタに、なにゆえ、ジョーンズは十年以上も滞在しつづけたのか。カルカッタでなんどか病気に苦しんだジョーンズは、故国をみることなく、ついには病に倒れて不帰の客となったが、死をむかえるまで、なぜカルカッタでがんばったのか。

電気・ガス・水道のない留学生活をおくり、マラリア・赤痢・腸チフス・伝染性肝炎と伝染病のほとんどに感染し、とくに帰国をひかえた一九九〇年九月にかかったカルカッタ熱では、四十一度という高熱が四日つづき、生死の境をさまよった経験をした私には、ジョーンズへのひとかたならぬ思い入れがある。インドの古本屋で大枚を投じて一八〇七年刊行の『ウィリアム・ジョーンズ全集』十三巻を購入したのも、その思い入れのせいである。

サイードの『オリエンタリズム』にもどろう。今、私は体験的・感情的レベルで、間接的ながら、サイードのジョーンズ批判に対する違和感を表明した。ところが、どうもこの違和感は私だけのものではないようだ。一九九四年はジョーンズ没後二百年にあたる。それを記念して、開催された国際シンポジウムの成果をまとめた論文集（Cannon and Brine (eds) 1995. カルカッタへむかう船上でジョーンズが書いた十六項目の「調査対象」を題としている）がある。そのなかで、文明比較研究国際学会の副会長をつとめていたミネソタ大学のデヴィッド・コフはジョーンズと『イギリス領インド史』の執筆者ジェームズ・ミルを同一線上にならべて、一括してオリエンタリズムとみなすことに、異議をとなえている。また、コフはべつの論文でも、サイードの『オリエンタリズム』は否定的な側面ばかりが強調されているが、肯定的側面もみるべきことを指摘している。その点は私も同感である。そのほか、コフ以外にも、サイードへの批判はインド人研究者のなかにかなりある。

また、インドにおけるサイード批判のなかには、いささか禁じ手ともいえなくもないものもある。ラージャスターン大学でながく英文学を教えていたR・K・カウル（一九二八―二〇〇三年）は、西洋の東洋支配はアラブのアフリカ・アジア支配と比較されるべきであり、イスラム教徒（本当はエルサレム生れのキリスト教徒なのだが）のサイードはその比較をさけていると批判する（Kaul 1995）。インドを知らない人々は、これを的はずれなサイード批判として相手にしないだろう。しかし、インドにおいて、「自己／他者」という二分法が、決して「西洋／東洋」という二分法と同意語ではなく、それよりも「ヒンドゥー／イスラム」という二分法をさしていると考える人たちが、決して少なくない。カウルの批判はいみじくもこのことをしめしている。

本書はサイードの『オリエンタリズム』を批判するのが目的ではない。これまでみた「ヒンドゥー／イスラム」の二分法のように、あるいは第V章でみる文化人類学者の中根千枝（一九二六―二〇二一年）が提示する「未開／文明」という二分法やインド少数民族ムンダ人の「われわれ／よそもの」といった二分法のように、インドには「自己／他者」という二分法が多元的に存在する。そこでは、「西洋／東洋」、あるいは「西洋／インド」という二分法ではとらえきれない構図が幾重にも重なりあっている。私はそのことを指摘したいのである。

本来、多元的世界であるはずのインドが、「インド文化」や「インド学」という名でひとまとめにされるとき、それがたとえ「自己」のものであれ、「他者」のものであれ、たんにサンスクリット語で書かれたテキストの世界だけの一元的なものに還元されてしまう。そういった傾向が歴然としてみられる。私にとっては、サイードの『オリエンタリズム』を体験的レベルで批判するよりも、「インド学」が一元的にサンスクリット語文献によって描きだされるインドだけを対象としていることのほうが、はるかに問題なのだ。

インドには、サンスクリット語とは言語的に系統をことにするドラヴィダ語族やムンダ語族に属する言語を話す人々もいるし、ヒンドゥー教徒以外にも、一億人を超すイスラム教徒もいる。また、イスラム教が誕生する以前からインドに住むキリスト教徒もいるし、あまり知られていないがユダヤ教徒もいる。この多元的世界をサンスクリット語＝ヒンドゥー教＝インド文化と還元してしまうインド観を、多文化共生時代にふさわしいインド観に転換する。それが本書の目的なのである。

サイードのように、否定的な側面を強調した『オリエンタリズム』ではなく、肯定的側面をみる書物はないのか。そう考えていたときに出会ったのが、レイモン・シュワブ（一八八四―一九五六年）の『オリエンタル・ルネッサンス』（Schwab 1984）である。副題は「一六八〇―一八八〇年におけるヨーロッパによるインドおよび東洋の再発見」である。この本はサイードのように、中東ではなく、インドに焦点をあてているので、私はすぐにとびついた。この『オリエンタル・ルネッサンス』は、もともと一九五〇年に仏語で書かれたが、一九八四年に英訳本が出版されている。本書で利用するのも、その英訳本だ。

その英訳本の序文を執筆しているのが、ほかならぬサイードである。オリエンタリズムの起源としてのロマン主義を批判的にあぶりだしたサイード。その張本人が、ヨーロッパのロマン主義者たちが夢中になったインド再発見を、肯定的に第二のルネッサンス、つまり「オリエンタル・ルネッサンス」と呼ぶ、シュワブの本の序文を書いて推薦する。このことから、ヨーロッパにおけるインド学をふくめた東洋学の成立・発展をどうみるのか。言語学の誕生に対する答えがいくつもあったように、その答えも、答えの前提となる立場も、決して一様ではない。そのことを、サイードはあきらかに理解していたことがみてとれる。

そこで本書では、性急なサイード批判にはしるのではなく、サイードの『オリエンタリズム』といわば表裏一体の関係にある、シュワブの『オリエンタル・ルネッサンス』に焦点をあてながら、インド学および印欧比較言語学の誕生とその確立をみていこうと思う。

第Ⅱ章　東洋への憧憬

——十九世紀前半のヨーロッパ——

一　オリエンタル・ルネッサンスをになった人々

オリエンタル・ルネッサンスとは

「オリエンタル・ルネッサンス」という用語は、恐らく多くの読者には耳なれないものではなかろうか。私もレイモン・シュワブの『オリエンタル・ルネッサンス』(Schwab 1984)や、サイードの『オリエンタリズム』(サイード 一九九三、上の一〇四頁にこの用語の説明がある)を読むまでは、まったく聞いたことがなかった。われわれが歴史の授業で習った「ルネッサンス」といえば、十四世紀にイタリアではじまった文芸復興運動をさす。それは、いわばヨーロッパの古典、ギリシア・ローマの文化や芸術を再発見することであった。それにつづく第二のルネッサンスがオリエンタル・ルネッサンスである。シュワブはこう定義する。

オリエンタル・ルネッサンス——それは第一のルネッサンスと対比すれば、第二のルネッサンスだが、ロマン主義作家たちにはおなじみのもので、かれらにとっては、この用語はインド・ルネッサンスと交換可能である。オリエンタル・ルネッサンスがさすものは、十九世紀ヨーロッパにおいて、サンスクリット語文献が到着することによってもたらされた雰囲気の復活を意味する。それは十五世紀に、コンスタンチノープルの陥落後にギリシア語文献やビザンチン帝国の注釈書が到着することでもたらされたのと同様の効果を生みだしたのである。(Schwab 1984, p. 11)

実は、この「オリエンタル・ルネッサンス」とは、フランスの歴史家であり文学者でもある、コレージュ・ド・フランスの教授をつとめたエドガール・キネ（一八〇三―七五年）がはじめて使用したもので、一八四一年に出版された本のなかの重要な章のタイトルである。キネは、「東洋学者が発見したときの最初の熱情のなかで、そのすべてにおいて、ギリシア・ローマの古代よりも、より深遠な、より哲学的な、そしてより詩的な古代がアジアの奥地からあらわれたと東洋学者は宣言した」(Schwab 1984, p. 11) と、述べる。そして、このオリエンタル・ルネッサンスは、すべてルネッサンスと比較されて、提示されている。たとえば、ヒンドゥー教文献の発見は『イリアス』（上・下、松平千秋訳、岩波文庫、一九九二年）や『オデュッセイア』（上・下、松平千秋訳、岩波文庫、一九九四年）の発見になぞらえ、ドイツ人によって変形させられた東洋の汎神論はデカルトによって修正されたプラトンの理想主義と対応させている。さらに、ルネッサンスが中世の終わりをしめしているように、オリエンタル・ルネッサンスは新古典主義時代の終焉をしめす。

このオリエンタル・ルネッサンスを推進したのは、フリードリヒ・シュレーゲル（一七七二―一八二九年）である。シュレーゲルはサンスクリット語を学ぶ以前の一八〇〇年に、すでに「われわれは東洋において最高のロマン主義をもとめなければならない」(Schwab

1984, p. 13）と、宣言している。また、わかき文豪ヴィクトル・ユゴー（一八〇二―八五年）は一八二九年に、「今日、多くの理由から、進歩をもたらすすべてである東洋は、かつてないほどに関心の対象となっている。東洋研究はこれまでになく深く探究され、今日の東洋学者はルイ十四世時代のヘレニズム学者に匹敵する。これは大きな進歩である」（ibid. pp. 11-12）と叫び、ドイツの哲学者アルトゥール・ショーペンハウアー（一七八八―一八六〇年）は、一八一九年に「サンスクリット文学は十五世紀にルネッサンスをもたらしたギリシア文学と同じぐらい、われわれの時代に大きな影響を与えている」（ibid. p. 13）と述べている。

では、このオリエンタル・ルネッサンスはいつ開始されたのだろうか。シュワブはこう指摘する。

> サンスクリット語はとつぜん研究者たちの側に幸運にも供給されたものだが、東方の光をながくもとめてきたドイツのロマン主義者たちに対する神がもたらした解答となった。サンスクリット語を通して、歴史哲学の予備的概略をみたすことを運命づけられた文献がやってきたのである。こうした文献への訓練はカルカッタのアジア協会が設立された一七八四年に確立されたのである。（Schwab 1984, p. 13）

第I章でみてきた、ジョーンズとベンガル・アジア協会がオリエンタル・ルネッサンスの契機となったことをシュワブも指摘している。ここで、第Ⅰ章ではふれなかった、もう一人の東洋研究の先駆者を紹介しておこう。それはアブラアム＝ヤサント・アンクティル＝デュペロン（一七三一―一八〇五年）である。シュワブはこのアンクティル＝デュペロンの評伝を一九三四年に書き、それからオリエンタル・ルネッサンスに興味をいだくようになった。

アンクティル＝デュペロンは一七五五年に、インドにわたると、スーラト（現在のグジャラート州）におもむき、一七五九年には現地でアヴェスターの翻訳を完了し、そしてフランス帰国後の一七七一年に『ゼンド・アヴェスター』を出版する。また、かれはアヴェスターだけに関心をよせたのではなく、サンスクリット語文献にも興味をいだく。しかし、バラモン僧がヒンドゥー教の奥義をヨーロッパ人に教えるのを拒否したため、サンスクリット語の学習には成功しなかった。ところが、一七七五年十二月に、ウパニシャッドのペルシア語写本がパリにいるかれのもとにとどけられる。そして、一七八六年にはそのウパニシャッドのペルシア語写本からの翻訳をパリで完了させている。このように、アンクティル＝デュペロンはジョーンズやそれ以前のウィルキンズなどよりも早く現地に行き、おもにペルシア語を通じてであったが、インドの文献をヨーロッパに紹介した先駆者なのである。

シュワブがこの『オリエンタル・ルネッサンス』を執筆したのは一九五〇年である。その時点で、キネが提唱したオリエンタル・ルネッサンスという用語も、アンクティル＝デュペロンやジョーンズのことも、すでにわすれられた存在であった。そして、現在もわすれられたままである。サイードのおかげで、オリエンタリズムの否定的な側面だけはある程度知れわたったかもしれないが、オリエンタル・ルネッサンスそのものについては知られているとはいいがたい。その理由をシュワブはこう述べている。

今日、ほとんどの人々はアンクティル＝デュペロンやジョーンズのこと、または、かれらが十八世紀のインドで成就しようと計画したものを聞いたことがないようにみえる。しかし、それにもかかわらず、かれらはわれわれの考え方を徹底的にかえてしまった。では、なぜこの事実が一般的に知られていないのか。文学や思想に関する歴史家たちは、これは東洋学者たちがやるべき課題であると考え、一方それに対し、東洋学者たちは歴史的な総括をあきらめているからである。また、東洋研究からはなにも獲得するところはないというへんな偏見が研究を中断させてしまった。しかし真相は、批評家たちがみすぼらしい東洋の財宝にとびつくとき、真の問題を隠蔽する表面的な影響だけをとらえてきたせいであり、その真の問題は知性と魂の運命を関係づけているのである。(Schwab 1984, p. xxiii)

『オリエンタル・ルネッサンス』の英訳版の序文で、サイードが紹介するように、シュワブは「詩人、伝記作家、文学者、作家、編集者、翻訳者、そして学者」(Schwab 1984, p. vii) であって、アカデミックな東洋学者でも、歴史家でもない。この引用を読めば、アカデミックな歴史家でも東洋学者でもないがゆえに、こうした『オリエンタル・ルネッサンス』を執筆できたように、私には読み取れる。

第Ⅰ章でも述べたように、サイードの『オリエンタリズム』の真の意図がどこにあったのかはさておくとして、サイードによって、これまでの東洋研究が否定的なものとして強調されたことはまちがいない。極端な場合、「東洋研究からはなにも獲得するところはないというへんな偏見」に通じかねない。オリエンタル・ルネッサンスを、私が唱道し顕彰するのはそうした危険性を危惧するからである。また、サイードは東洋研究が創設された時代から今日まで、オリエンタリズムを一貫して否定的に語っている。もちろん、東洋学が植民地支配を強化するために利用されたことはまちがいない。今この時点で、植民地支配を強化したオリエンタリズムを否定的に語ることはそれなりに意味のあることだと思う。しかし、東洋学が確立するまでのオリエンタル・ルネッサンスの時代には、サイードが指摘する「オリエントの無限の多様性をつねに法則や数字や習慣や作品の「完璧なる要約（ダイジェスト）」にまで圧縮し、コード化しようという抑えがたい衝動」が東洋研究を推進させていたのではなく、むしろ、「コード化しようという抑えがたい衝動」は東洋研究が確立し、その権威的位置づけが帝国によって承認されたのちに、わきあがってきたのではないか。植民地支配を重要視する大英帝国がジョーンズを評価しなかったことを想起すれば、そう理解できる。

では、オリエンタル・ルネッサンスはなぜ起こったのか。それはこれからゆっくりとみていくが、シュワブの結論だけをさきに述べておこう。シュワブはいう。「われわれが最高のロマン主義を求めるべきはこの東洋にこそある」と（Schwab 1984, p. 484）。つまり、ロマン主義運動の一環として、オリエンタル・ルネッサンスが起こったと、シュワブはとらえる。しかし、前述したように、このロマン主義こそが否定的に意味づけられた「オリエンタリズム」の源泉だとサイードは主張している。どうもロマン主義というイデオロギー（主義）が問題なのだろう。ここでも、サイード流の「オリエンタリズム」解釈が大きくたちはだかる。

そこで、私はべつの観点を提示したい。それはロマン主義というイデオロギーや運動ではなく、たんなる「好奇心」からはじまったとみる視点はどうだろうか。もちろん、好奇心はロマン主義の源泉となりうるし、ひいてはサイード的な「オリエンタリズム」につながるかもしれない。しかし、サイードが『オリエンタリズム』を執筆することになったのも、好奇心（それに使命感もあったかもしれないが）が出発点だったはずである。そして、サイードの好奇心は決してロマン主義にむかうことはないはずだ。そう考えると、サイードの『オリエンタリズム』とシュワブの『オリエンタル・ルネッサンス』が「好奇心」というキー・ワードでつながることになる。

『オリエンタル・ルネッサンス』の作者であるシュワブは、オリエンタル・ルネッサンスを提唱する人々を紹介したあと、「今日、これらのわすれられた信念をふたたび喚起することは必要である。今日オリエンタル・ルネッサンスの理念が唱道されるとき、それがなにを意味するのかに、好奇心をいだくであろう」(Schwab 1984, p. 15) と述べている。

この好奇心を私は重要視したいと思う。つまり、シュワブが指摘する、オリエンタル・ルネッサンスに対する好奇心は、オリエンタル・ルネッサンスをになう人たちの好奇心と一脈通じるものがあるのではないか。私にはそう思えてならない。では、その好奇心のとびらを開いたフリードリヒ・シュレーゲルからみていこう。

フリードリヒ・シュレーゲル

フリードリヒ・シュレーゲルはプロテスタントの牧師の家に、七人兄弟（四人の兄、二人の姉）の末子として、一七七二年三月十日にハノーファーで生まれた。すぐ上の兄、アウグスト・ヴィルヘルム・シュレーゲルはのちにドイツではじめて、ボン大学に開設されたサンスクリット講座の主任教授となるが、この兄についてはのちほど述べる。長兄、次兄は父の跡を継いで牧師となったが、三兄のカール・アウグスト・シュレーゲルはイギリス王室勤務のハノーファー連隊の一員として、一七八二年にインドへ行き、測量技師として、大英帝国国王にインド地図を送り、また『インドの地理学』という本を執筆し（ただし刊行されなかった）、一七八九年にマドラス（現チェンナイ）で客死し

フリードリヒ・シュレーゲル（1772-1829年）

ている。末のシュレーゲル兄弟がインドと関わるようになるのも、このカール・アウグストの影響があったのかもしれない。ここでは、「オリエンタル・ルネッサンス」の推進者、末弟のフリードリヒについてみていこう。

フリードリヒ・シュレーゲルは、最初法律を学ぶがすぐにやめ、哲学、芸術、古典をゲッティンゲン大学とライプツィヒ大学で学んだ。一七九六年には、兄とともにイェーナに移り、兄弟で季刊誌『アテネーウム』を発刊し、一八〇〇年まで刊行した。このとき発表した「難解ということについて」などは『ロマン派文学論』（シュレーゲル 一九七八）として邦訳されている。この『ロマン派文学論』の解題によると、「一七九八年から一八〇〇年にかけての三年間が、シュレーゲルの生涯を通じて最もはなばなしい時期であり、事実同時代および後世に少からぬ問題を提起することになったドイツ・ロマン派の領袖としての彼の影響力のほとんどは、この三年間の著作物によるものである」（xxv頁）という。「ロマン主義が具現された最上のもの」としてのインドを発見する以前に、シュレーゲルはすでに影響力のある人だった。そのことは理解しておかねばならない。

やがてシュレーゲルはウィリアム・ジョーンズの著作、とくに『シャクンタラー姫』に啓発され、東洋の言語を学ぶために、パリへやって来る。一八〇二年、ナポレオンが終身統領に就任した年のことである。パリについたシュレーゲルは、最初、のちにコレージュ・ド・フランスのサンスクリット語講座の初代教授となるアントワーヌ＝レオナール・ド・シェジー（後述）の指導のもと、ペルシア語を習う。しかし、ジョーンズの著作に強い影響を受けていたシュレーゲルは、なんとかパリでサンスクリット語を学びたいと考えていた。そのときに出会ったのが第Ⅰ章でみた、ナポレオン戦争で捕虜として滞在していたアレクサンダー・ハミルトンである。そして、一八〇三年に、シュレーゲルはサンスクリット語をハミルトンから習いはじめる。シュワブが指摘するように、このハミルトンのおかげでパリは、「初期インド学の首都」となったのである。

シュレーゲルは毎日三時間、ハミルトンからサンスクリット語を習い、ハミルトンを自宅に下宿させるほど熱心に取り組んだ。サンスクリット語を学びはじめた一八〇三年に、友人にあてた手紙のなかでシュレーゲルは、「ここにはすべての言語、人間精神のすべての思想と詩の実際の源がある。そうだ！　すべてが、例外なくすべての起源はインドにある」と、記している。一八〇四年からはケルンで職をえたが、パリにおいて個人授業をつづけ、一八〇五年から翌年にかけて世界史の講義を、一八〇六年には哲学の講義をおこなった。この講義のなかでシュレーゲルは、インド宗教の重要性を考慮して、インドの歴史にもとづく人間の歴史を構築する公式をあみだそうとしていた。それをもって、シュワブは「オリエンタル・ルネッサンスを確立するのに、たぶんこれ以上重要な単一の原動力はないだろう」(Schwab 1984, p. 71) と指摘している。

その一連の講義にもとづいて、一八〇八年に出版されたのが『インド人の言語と知慧について』である。この本はサンスクリット語の原典にあたって、インドの言語、哲学、歴史について、ドイツ語で書かれた最初の本である。また、この本は一八〇〇年代初頭に活躍したヨハン・ゴットリープ・フィヒテ（一七六二―一八一四年）、フリードリヒ・シェリング（一七七五―一八五四年）、ゲオルク・ヴィルヘルム・フリードリヒ・ヘーゲル（一七七〇―一八三一年）といった世界的に有名なドイツ観念論を打ち立てた哲学者たちに、多大なる影響を与え、詩人ハインリヒ・ハイネ（一七九七―一八五六年）は、「イギリスにウィリアム・ジョーンズがあるごとく、ドイツにフリードリヒ・シュレーゲルあり」と絶賛した。

なお、その出版とほぼ同時期に、妻とともにプロテスタントからカトリックに改宗しているが、それがのちにインドとの決別を生む。ただし、その個人的体験がほかの知識人に影響を与えることはなかった。本書のテーマにそっていえば、シュレーゲルは、この『インド人の言語と知慧について』とともに、インド学史や言語学史に名を残すこととなる。しかし、先にあげた『ロマン派文学論』の最後に掲載された「シュレーゲル年譜」には、カトリックへの改宗は記載されているが、この『インド人の言語と知慧について』にはいっさい言及されていない。ドイツ・ロマン主義文学研究者と言語学・インド学研究者との立場のちがいを顕著にしめす例として、興味深い。

さて『インド人の言語と知慧について』は、「言語について」、「哲学について」、「歴史理念」の三つの部分からなる。ここでは、同書の言語学史的な意味を風間喜代三の『言語学の誕生』（風間 一九七八）にそって、みておこう。

第一に、シュレーゲルは「比較文法」という名称をはじめて使ったことで知られる。すでにみたように、ジョーンズは、具体的な語彙や文法をあげて印欧語族の存在を主張したわけではなかった。ところが、シュレーゲルは名詞・形容詞・動詞などの比較対応を論じ、また諸言語の内的構造、ないしは比較文法についても論じている。そして、シュレーゲルは「比較解剖学が高度の自然の歴史を広く明らかにしたと同じように、これ〔比較文法〕が言語の系譜について、まったく新しい解決をあたえるだろう」（風間　一九七八、三九頁）と宣言したのである。こうして、ボップたちの比較文法が誕生することになる。

第二に、シュレーゲルは孤立語と屈折語という「内的構造による言語の二大分類」を提唱したが、これはのちに日本語などの膠着語やアメリカ先住民語などにみられる抱合語を加え、ヴィルヘルム・フォン・フンボルト（後述）が立てることとなる言語の類型論的分類のはしりとなった。この四つの類型はいまでも使用されている。

第三に、ジョーンズはギリシア語、ラテン語、サンスクリット語が「おそらくはもはや存在していない、ある共通の源から発した」（風間　一九七八、一四頁）と考えたのに対し、シュレーゲルは「インドの言語がより古く、その他は新しくて、インドの言語から派生したことが明らかだ」（同書、三八頁）と考えた。風間が述べるように、「これが大きな誤りであることに気づくまでにはかなりの時間が必要であった」（同書、三八頁）のである。

前述した比較解剖学は十七世紀から知られていたが、十九世紀にジョルジュ・キュヴィエ（一七六九―一八三二年）が『比較解剖学講義』全五巻（一八〇〇―〇五年）を出版し注目されるようになる。十九世紀の言語学史をひもとくと、広義の意味で生物学がモデルとなっているケースがめだつ。それはシュレーゲルが言及している「比較解剖学」だけではない。

第Ⅲ章で述べる系統樹説も、生物進化のモデルと密接に関わっている。言語を自然科学的に解明しようという動きが、ここから読み取れる。そしてその背景を成すのが言語有機体説である。動植物の生長にみたて動詞の屈折や言語の進化を考えたものだが、こうした考え方がいきすぎると、今となってはだれも支持しないような時代遅れの発想を生む。たとえば、シュレーゲルは「屈折をしないタイプの言語は生命も、精神も通わない未発達の下等な言語だという価値観」(風間 一九七八、三六―三七頁)を持っていたが、こうした価値観は今日ではまったく通用しない。ただし、一言加えるならば、言語学が自然科学たらんとして、モデルをもとめること、あるいは自然科学に基づこうとする言語観はなにも十九世紀だけのものではない。十九世紀の生物学にはじまって、二十世紀、一九五〇年代から六〇年代にかけて、アメリカの言語学者レナード・ブルームフィールド(一八八七―一九四九年)流のアメリカ構造主義言語学の全盛時代には行動科学が、一九六〇年代から七〇年代にかけて隆盛をきわめたチョムスキーの普遍文法には自動翻訳をめざすコンピューター科学が、そして一九九〇年代以降では認知科学が、それぞれの時代の言語観や言語研究に大きな影響をおよぼしている。それでも、言語学が文学部に配置され、言語・文学とひとまとめにされつづけているのは、こうした科学との一体化をゆるさない、哲学や宗教といったコンセンサスをえられにくい要素を、言語が内在させている証拠なのかもしれない。

さて、シュレーゲルに対する評価をうまくまとめたと思われる一節をここで引用しておこう。

研究の進むに従って、特にカトリックへの改宗によって、ガンジスの流れる国に人類の最古の智慧を再発見するという理念からは遠ざかった。そしてやがてはインドの哲学にはキリスト教の聖書にのみ見出だすことのできる神の永遠の真理の歪曲された形をしか見なくなってしまった。したがって例の書物はシュレーゲルにとってはインドという魔法の国からの解放の、そしてまた青春の夢の世界からの別離のドキュメントとなったもので、その青春の夢の国へは彼は二度と再び立ち帰ることはなかったのである。しかしながらこの著作は、そのような傾向をもっているのにもかかわらず、他の人々をインドの精神世界へと覚醒させるはたらきをもち、これによってインドの智慧の愛好者が輩出することとなった。(グラーゼナップ　一九八三、四四頁)

『インド人の言語と知慧について』を出版した一八〇八年を境に、シュレーゲルはウィーンに移り、政治活動を活発におこなうようになる。オーストリア宰相クレメンス・フォン・メッテルニヒ(一七七三―一八五九年)の命によってドイツ連邦議会のための政治建白書や憲法草案をまとめ、ナポレオン後のヨーロッパを議論する「会議は踊る。されど進まず」で知られるウィーン会議にも参加する。また、カトリック教会につくした功績により、ローマ教皇からキリスト勲章を受章する。この時点では、シュレーゲルの関心はインドにはなく、ヨーロッパ、とりわけドイツにあった。そして、最晩年には神秘主義にかたむき、兄アウグスト・ヴィルヘルムとは宗教的な対立もあって、一八二七年に絶交状態となり、一八二九年一月十二日、講演先のドレスデンで心臓発作のため死去した。

二十世紀、ドイツにおけるインド学の泰斗ヘルムート・フォン・グラーゼナップ（一八九一―一九六三年）が指摘するように、かつて「すべての起源はインドにある」と叫んだシュレーゲルは、カトリックへの改宗とともに、インドから遠ざかってしまった。実際、晩年のシュレーゲルはインド起源説を改め、メソポタミア起源説に変わる。

言語学やインド学の成立および発展といった問題を考える上では、一八〇八年以降のシュレーゲルはあまり重要ではない。しかし、シュレーゲルの評伝（ベーラー 一九七四）を読むかぎりでは、先に引用した『ロマン派文学論』の解題での指摘とはことなり、晩年の二十年のほうがむしろ重要だったようだ。生涯を通して、インドに関わったわけではないが、シュワブが指摘するように、「シュレーゲルは文字どおりオリエンタル・ルネッサンスの発明家であった」（Schwab 1984, p. 72）ことはまちがいない。

二　印欧比較言語学の確立

ボップ、ラスク、グリム

「比較文法」という用語はシュレーゲルがはじめて使用したといわれている。しかし、それは内容がともなったものではなかった。その「比較文法」を実際に進めたのは、フランツ・

ボップ（一七九一―一八六七年）、ラスムス・ラスク（一七八七―一八三二年）、そしてヤーコプ・グリム（一七八五―一八六三年）の三人である。シュレーゲルの著作は宗教的、哲学的であったのに対し、ボップはシュレーゲルの著作に啓発されて言語学をはじめたのにもかかわらず、宗教的な関心はほとんどしめさなかった。言語研究に専念したという意味において、ボップ以後をもって、真の意味での言語学の誕生といえるかもしれない。シュワブは『オリエンタル・ルネッサンス』で「神学や詩の時代によって摩滅していたが、いまやついに、独立した言語学と比較主義はれっきとした、知性によって磨かれた科学となった」(Schwab 1984, p. 177）と、ボップの登場を評価している。これまで同様、風間やシュワブの著作などを参考にしながら、まず、ボップからみていこう。

フランツ・ボップは一七九一年九月十四日にマインツに生まれた。新設のアシャフェンブルク大学で学んだあと、一八一二年に「初期インド学の首都」パリに出る。このときまでにボップは、ヨーロッパの主要な言語はすべて修得していた。パリでは、国立図書館にある文献と格闘しながら、サンスクリット語を独力で学び、一八一六年に、最初の比較文法『ギリシア、ラテン、ペルシア、ゲルマン諸語のそれとの比較による、サンスクリットの動詞活用組織について』をフランクフルト・アム・マインで刊行した。このボップの本の刊行をもって、「印欧比較言語学の開始」と一般的にみなされていると、言語学史を専門とするオタワ大学のコンラート・ケルナー（一九三九―二〇二二年）は指摘する。

やがてボップは、一八一七年、シュレーゲルにパリでサンスクリット語を教えたハミルトンに出会う。パリを「初期インド学の首都」とするのに貢献した、あのハミルトンである。これまで独力で勉強をつづけてきたボップは、かれにサンスクリット語を習うとともに、『ナラ王物語』の翻訳を完成させ、さらにサンスクリット語を本格的に研究するために、ハミルトンの紹介を受けて、チャールズ・ウィルキンズやコールブルックとも知りあった。それを援助したのは、のちのバイエルン王ルートヴィヒ（「狂王ルートヴィヒ二世」の祖父）である。イギリスに着くと、ウィルキンズがつくったサンスクリット語を書きあらわすデーヴァナーガリー文字活版で、『ナラ王物語』を印刷する。デーヴァナーガリー文字活版を使った、ヨーロッパでの出版はハミルトンの『ヒトーパデーシャ』につづく二番目のものであった。そして、一八二〇年には、ロンドンで前述の比較文法の英語版を刊行する。

イギリスでボップは、かれの将来を決定づける人に出会う。前述したヴィルヘルム・フォン・フンボルト（一七六七—一八三五年）である。フンボルトは政治家、外交官として活躍したのち、一八一九年の大晦日の日に、プロイセンの内閣から追われ、晩年、五十二歳になってから、憑かれたように言語の研究にはげんだ人物である。そのフンボルトがプロイセンのイギリス駐在大使として、ロンドンに赴任していたときに、ボップと出会っていたのだ。ボップからフンボルトはサンスクリット語を習っていた。こうした関係から、ボップはフンボルトの推薦によって、一八二一年に、フンボルト自身が創立に関わったベルリン大学に、新設されたサンスクリット語講座担当として招聘され、一八二五年、ベルリン大学の正教授となる。その後はベルリンにとどまり、一八六七年十月二十三日ベルリンで死去した。

ベルリンでは、一八二七年に、サンスクリット語の文法書を、一八三〇年にはサンスクリット語・ラテン語語彙集を、それぞれ出版した。また、一八三三年から五二年にかけて、『サンスクリット語、ゼンド語、アルメニア語、ギリシア語、ラテン語、リトアニア語、古スラヴ語、ゴート語、ドイツ語比較文法』三巻を六分冊として出版。一八四五年から五三年にかけて英訳が出版され、一八六六年にはミシェル・ブレアル（一八三二―一九一五年）によって仏訳された。こうした研究を通し、その後の印欧語比較文法研究の基礎を築いたのはまちがいない。ただし、ボップの研究はすべて継承されているわけではない。むしろ、現在の視点でみれば、疑問となる点も多い。たとえば、印欧語族とマライ・ポリネシア語族（近年はオーストロネシア語族と呼ばれるのが一般的）の系統関係を提唱したが、その論はこじつけの域を出ておらず、今日では否定されている。

「比較文法」の創始者として、ボップとならび称されるのがラスムス・ラスクである。ラスクは「デンマークの王室学術協会が古代アイスランド語の起源とその関係をテーマとした研究を一般から募ったときに、これに応募して受賞した論文」（風間　一九七八、七九頁）で、比較文法をあつかっている。この懸賞論文は、一八一四年、つまりボップの著作に先だつこと二年前に完成し発表された。しかし、刊行されたのは一八一八年であった。そのため、言語学史上、比較文法の創始者の栄誉をめぐる先陣争いで、つとに有名となった。もっとも、本人たちが争ったのではない。後世の言語学者たちのうち、ドイツの言語学者たちはボップを比較文法の創始者とみるのに対し、ヴィルヘルム・トムセン（一八四二―一九二七年）やホルガー・ペデルセン（一八六七―一九五三年）といったコペンハーゲン大学の言語学者たちはラスクを比較文法の創始者とみなす（トムセン『言語学史』（一九〇二年）、泉井久之助・高谷信一訳、清水弘文堂書房、一九六七年およびペデルセン『言語学史』（一九二四年）、伊東只正訳、こびあん書房、一九七四年を参照）。しかし、風間が指摘するように、ラスクはボップほどには評価を受けてこなかった。それは、ラスクの論文「古代ノルド語、すなわちアイスランド語の起源にかんする研究」がデンマーク語で書かれたこと、比較に重要なサンスクリット語をまったくあつかわなかったこと、その後比較文法をつづけなかったこと、などの理由による。

ラスクは「周囲のあまりの期待に重圧を感じたのか、被害妄想に悩み、ふさぎこむときが多かった」（風間 一九七八、八四頁）らしく、二十世紀デンマークが生んだ言語学者ルイ・イエルムスレウ（一八九九―一九六五年）によれば、「彼の一生は一九世紀のロマンチシズムとの戦いであった」（同書、八五頁）という。オリエンタル・ルネッサンス的なインドへの過度なロマンチシズムには、どうもなじめなかったのかもしれない。実際、一八二〇年から二三年まで、ラスクはインドに滞在したが、現実のインドにうんざりしたのか、その後は比較文法そのものからも遠ざかってしまったのである。

もう一人のヤーコプ・グリムは、あのグリム童話で名高いグリム兄弟の兄で、一八一九年、『ドイツ語文法』第一巻がゲッティンゲンで刊行されたが、これが比較文法をあつかっている。すなわち一八一〇年代のわずか三年の間に比較文法書が相次いで刊行されたのである。ヤーコプ・グリムもラスクと同様、サンスクリット語をあつかってはいない。しかし、ラスクとグリムはのちの比較言語学が学問として確立するために必要不可欠な、音韻対応に注目した点が評価されている。とくに、比較言語学を学ぶときに、今日でも登場する「グリムの法則」を発見したことで知られる。しかし、グリムはなによりもドイツ人である。したがって、ラスクとはちがい、ドイツ・ロマン主義という潮流に、積極的に応えようとする。そのため、グリムの比較文法は、自然科学的な方法論の確立には、まだまだほど遠かった。グリムには、言語の歴史をドイツ民族の歴史とオーバーラップさせることがしばしばみられた。つまり、グリムの分析や説明は「実証を旨とする学問の側からいえば、そのまま認めるわけにはいかないものであり、逆にいえば、この学問にはまだ大きな不足があった」（風間一九七八、一〇八頁）ということになる。こうしたグリムの限界について、

比較文法という学問は、言語を対象としながらも、これを自然科学と同じ性質をもつものとして扱うことによって、自然科学に接近した学問であることを標榜していた。それがまた新しい時代の要請でもあった。これは一八世紀までの哲学的なものとの絶縁という意味で、誤った道ではなかった。言語が人間のものである以上、言語学は広い意味での哲学的なものと絶縁することはできないし、またすべきでもない。しかし古い哲学的なものと縁を切ることは必要であり、この学問にとって有効なことであった。そうした上で学問的な基礎を固め、改めて哲学的なものに接近し、その問題にとりくむことが望

ましい。しかしこの脱皮はなかなか容易ではなかった。（風間 一九七八、一〇九―一一〇頁）

風間の指摘した脱皮が実現されるのが青年文法学派の時代である。本書では、一八七〇年代以降に活躍する青年文法学派についてはとくに採り上げないので、ここで簡単に言及しておこう。

『言語学大辞典』第六巻「術語編」（三省堂、一九九六年）によると、青年文法学派とは「一八七〇年代の後半に、ライプツィヒ大学のギリシア語学者ブルークマン（一八四九―一九一九年）を中心に活躍した、若手の言語研究者グループ」をさし、「彼らは、それまでの一九世紀的な安易な言語研究の態度を捨てて、本格的な言語研究を進め、その学問の基礎を築き、同時に、印欧語学の全盛時代を招来した」という。

青年文法学派は「音韻法則に例外なし」をかかげ、音韻対応を言語の親族関係証明の手だてとみなした。その音韻法則と規則正しい音韻対応は、今日でも重要視されている。一方で、例外を生み出すものを類推と考えることで、心理的要因にも配慮した。これによって、言語の歴史的変化をある程度まで自然科学的な法則によってとらえることに成功したのである。十九世紀の言語研究はあくまでも歴史研究の枠組みから脱却することなくつき進んだが、二十世紀になって、共時的な記述研究がおこなわれる素地をつくったのも、この青年文法学派である。

共時的な研究に光をあてた、二十世紀言語学の創始者ソシュール（一八五七―一九一三年）は、青年文法学派の拠点ライプツィヒに、一八七六年から二年間滞在しているが、この青年文法学派の時代をへてはじめて、ソシュールがうちたてた構造主義言語学がある。それが一般的な言語学史の理解だと私は考えている。

本書は言語学史をおさらいするのが目的ではない。本書の目的は西欧によるサンスクリット語再発見から比較言語学の確立にいたる過程を、オリエンタル・ルネッサンスといった時代のコンテキストにからめてみることにある。本書の主要テーマであるインドとの関わりから、グリムの限界として先に引用した風間の指摘を本書のテーマにそくしてまとめてみると、こういえるだろう。

比較文法の創始者ボップはロマン主義の源泉としてのサンスクリット語文献から、印欧語比較文法を形成するサンスクリット語そのものへと転換をはかった。ここに、言語学とインド学の分岐が生じる。つまり、ボップ以後はサンスクリット語に魅了されて、印欧比較言語学をはじめる研究者が少なくなる。現に、ラスクやグリムはサンスクリット語を修得していない。そして、比較言語学においては「音韻法則に例外なし」を叫んだ青年文法学派の時代に入ると、宗教、思想、哲学といったものとは完全に独立し、「音韻対応」なくして、言語の系統関係は語られなくなっていく。西欧の宗教的哲学的源郷としてのインドといったテーマは、印欧祖語のふるさとといった、特別なテーマをのぞき、言語学から排除されることになる。一方、サンスクリット語文献に魅了される人々は言語学ではなく、言語学がきりすてた、宗教学や哲学に立脚することになる。そして、言語学とインド学を再び接近させるのが、マックス・ミュラーである。その再接近させたところに、今日のアーリヤ人問題の原点がある。これらは第Ⅲ章で詳しく述べる。

ヨーロッパの大学におけるサンスクリット語講座の開設

ここまでみてきたように、サンスクリット語文献によるインド再発見で幕をあけたオリエンタル・ルネッサンスは、ヨーロッパの言語とインドの言語が共通の祖先を共有することを実証する、比較言語学という新たな学問を生み出した。それと軌を一にするように、ヨーロッパの大学では、サンスクリット語講座が開設されていくことになる。比較言語学はドイツを中心に発展していくが、ヨーロッパでのサンスクリット語講座開設は、ドイツではなく、意外なことにフランスが最初である。それにドイツがつづき、カルカッタのベンガル・アジア協会を生んだイギリスは、植民地インドの役人養成のために東インド会社が設立したカレッジなどをのぞくと、ずっとあとのことだ。たとえばオックスフォード大学にサンスクリット語講座が開設されるのは、フランスやドイツから、十数年おくれる。ここに、オリエンタル・ルネッサンスに対するヨーロッパ各国の反応の相違がみられる。つぎにそのヨーロッパにおけるサンスクリット語講座開設の経緯をみていこう。

すでに述べたように、十九世紀初頭、パリは宣教師たちが集めた膨大なサンスクリット語文献とハミルトンのおかげで、シュレーゲル兄弟やボップがサンスクリット語を学ぶために訪れる、名実ともに「初期インド学の首都」であった。しかし、ハミルトンがイギリスへ帰国してしまうと、サンスクリット語を教える人はいなくなった。ボップはハミルトンがいなくなったパリで、サンスクリット語文献と格闘しながら、独力でそれを修得していったことは、先に述べた通りである。

ハミルトンがいなくなったあと、コレージュ・ド・フランスに新設されることになったサンスクリット語講座の講席につくのがアントワーヌ＝レオナール・ド・シェジー（一七七三―一八三二年）である。シェジーはみるべき業績があまりなく、後世の人々のかれに対する評価は低いが、ドイツ人の妻ヘルミナ・フォン・クレンケとの結婚生活の破綻がそれに輪をかけて評判を落とすこととなった。やがて妻との関係が冷めていくなかで、シェジーは人を遠ざけ、書斎の人となっていく。ボップと同様、シェジーは独学でサンスクリット語に取り組むことになるが、その学習方法は、ウィルキンズの英訳『ヒトーパデーシャ』と写本を照らし合わせながら、サンスクリット語と格闘するといった、気の遠くなるようなやり方だった。東洋史の前嶋信次（一九〇三―八三年）の『インド学の曙』（前嶋　一九八五）によれば、シェジーはサンスクリット語講座の初代教授になりたいという野望をいだいてサンスクリット語をマスターしたのだという。

一八一四年十一月二十九日、コレージュ・ド・フランスにサンスクリット語講座の講席が新設され、翌年一月十六日には、シェジーが初代教授に就任するが、就任後、シェジーは不評をかう。一八二五年には、ボップはシュレーゲルの兄ヴィルヘルムに「シェジーには多くは期待できない」旨の手紙を書いている。また、一八二五年にシェジーの後継者として、サンスクリット語講座主任教授を継承するウジェーヌ・ビュルヌフ（一八〇一―五二年）は、ボップに「シェジーはすべてを出版すると約束するが、なにひとつ出版していない」とグチをこぼしている。さらに、シェジーをまったく評価しなかったシュレーゲルの兄は、シェジーの怠惰さをくどくどと手紙に書き、船出したばかりのサンスクリット号のお荷物とみなした。

不評なシェジーだが、いくつかの業績を残している。一八二六年には『ラーマーヤナ』（全七巻、中村了昭訳、東洋文庫、二〇一二―一三年）からいくつかの話を翻訳出版し、一八三〇年には『シャクンタラー姫』のサンスクリット語のテキストと仏語訳を出版している。妻や子に逃げられたシェジーは、コレージュ・ド・フランスの一室で一人暮らしをしていたが、一八三二年、コレラにかかり死去する。数々の遺稿があったといわれるが、ドイツからやって来た妻によってもちさられ、散逸してしまったという。不幸な状況が重なったとはいえ、このシェジーによって、「初期インド学の首都」だったパリの名声は消えてしまったことはまちがいない。そして再び、その名声がもどるのは、シェジーの後継者ビュルヌフが講席をしめた時期（一八三二―五二年）である。そのビュルヌフに師事するのが、本書の主人公の一人マックス・ミュラーである。

フランスにとって代わって、サンスクリット語研究に力を入れたのはドイツである。ドイツでサンスクリット語講座がはじめて開設されるのは、フランスからおくれること四年、一八一八年。まず、ボン大学に開設されたあと、一八二一年にはベルリン大学に開設される。前者にシュレーゲル兄弟の兄アウグスト・ヴィルヘルム・シュレーゲルが、後者に前述したフランツ・ボップが、それぞれの講席につく。ここで、シュレーゲル兄のヴィルヘルムについて、その略歴をみておこう。

ヴィルヘルム・シュレーゲルは一七六七年九月八日に、ハノーファーで生まれる。ゲッティンゲン大学で、古典文献学と美学を学んだあと、一七九一年にはアムステルダム、そして一七九六年からはイェーナに移り、ダンテの生涯について本を書いたり、シェイクスピアの著作をドイツ語に訳したり、ドイツ・ロマン主義の旗手として、哲学、文学の分野で活躍する。サンスクリット語を学びはじめるのは、弟のフリードリヒよりもずっとあとのことで、一八一六年、五十歳に手がとどこうかという年になって、ボップからパリでサンスクリット語を習う。そして、一八一八年、ボン大学にドイツではじめてのサンスクリット語講座が開設されると、その講席につく。ボン大学に赴任すると、翌年には『インド文献学の現状』を出版し、一八二〇年には雑誌『インド叢書』を創刊。サンスクリット語文献の紹介を積極的におこなうとともに、デーヴァナーガリー文字の活字をパリでつくらせ、その活字で『バガヴァッド・ギーター』をラテン語訳とともに出版する。また、『ラーマーヤナ』八巻すべてを、サンスクリット語原文テキストにラテン語訳をつけて刊行する予定であったが、一八二九年に第一巻を、一八三八年に第二巻を出版しただけで、全部を刊行することはできなかった。しかし、原文とラテン語訳というサンスクリット語文献の注釈本スタイルを確立し、ボン大学はサンスクリット語研究のセンターとなったのである。ヴィルヘルムには比較文法を執筆する計画もあったが、それは果たせず、一八四五年五月十二日に、ボンで亡くなった。弟のように、オリエンタル・ルネッサンスの創始者としての華やかさはないが、サンスクリット語研究にとっては、堅実な文献学者として名を残したのである。

最後に、イギリスにおけるサンスクリット語講座設立をみておこう。すでにみてきたように、カルカッタのフォート・ウィリアム・カレッジやイギリスの東インド会社経営の東インド・カレッジでは、コレージュ・ド・フランスにサンスクリット語講座が開設される以前から、コールブルックやハミルトンがサンスクリット語をおしえていた。ところが、名門オックスフォード大学にサンスクリット語講座が設置されるのは、フランスやドイツより十数年おくれる。それは一八三二年のことである。また、サンスクリット語講座がロンドンのユニバーシティ・カレッジに設立されるのは一八五二年、エジンバラ大学には一八六二年、オックスフォードとならび称されるケンブリッジ大学にいたっては、一八六七年、つまりフランスやドイツにサンスクリット語講座ができて五十年ほどたってから設立されたのである。

オックスフォード大学のサンスクリット語講座初代教授には、第I章でみたウィルソンが就任する。このポストはジョセフ・ボーデン中佐の名前を冠している。ボーデン中佐は一八〇七年東インド会社を退職し、一八一一年には死去したが、その財産二万五千ポンドを寄付し、このボーデンの娘が十九歳で亡くなったのを機に、ボーデン教授職が一八二七年に設立された。ウィルソンが就任する一八三二年までは空席だったのである。ボーデン中佐はサンスクリット語を学んだのではなく、インドが福音主義によってキリスト教化することをのぞんでいた。そのためにはインドの聖なる言語、サンスクリット語によって布教活動をおこなうべきだと考えていたのである。その設立趣旨からして、ドイツ・フランスとは完全にことなっていた。

一八三五年、イギリス政府はベンガル・アジア協会への資金援助も打ち切り、その結果、ベンガル・アジア協会の資料も政府に移管され、かわってロンドンにあらたに設立された東洋語翻訳基金が、ロンドン大学の東洋言語講座の主任教授だったドイツ出身のフリードリヒ・アウグスト・ローゼン（一八〇五―三七年）の翻訳による『リグ・ヴェーダ本集』などを刊行している。こうした経緯から、東インド会社の援助のもと、後述するマックス・ミュラーによる『リグ・ヴェーダ』全訳がおこなわれることになる。

ここにはロマン主義の源泉としてのインドから、なにかを学ぼうという姿勢はみられない。政府の管理下において、ヨーロッパ知識人が利用しやすいように、サンスクリット語文献を翻訳させること、そちらに主眼が置かれている。フランスやドイツがサンスクリット語文献によって、ロマン主義とむすびつきながら、インド再発見にわき、オリエンタル・ルネッサンスの華をさかせていったのに対し、イギリスのサンスクリット語文献に対する態度は植民地支配の論理に従属したものであった。ヨーロッパにおけるサンスクリット語講座設立のプロセスをみても、イギリスとフランスおよびドイツで、ずいぶんとことなっていることがわかる。とりわけ、イギリスでは「インド・ヨーロッパ同祖論」に発展しかねない印欧比較言語学が含意されないかたちで、サンスクリット語文献の翻訳に力を入れてきたことは特筆してよかろう。

こうして制度化されたサンスクリット語研究は、イギリスの例にみられたように、サンスクリット語そのものよりも、サンスクリット語文献、とりわけ『バガヴァッド・ギーター』をふくめた『マハーバーラタ』や『ラーマーヤナ』といった叙事詩や「梵我一如」で知られるウパニシャッド哲学をしるした文献などに、関心が移っていく。これは植民地支配とは直接関係しないものの、ドイツやフランスでも同様の動きがみられる。こうした状況のなかで、最大の関心事は『リグ・ヴェーダ』をはじめとする、サンスクリット語文献のなかでももっとも古いヴェーダ文献の翻訳であった。とくに、『リグ・ヴェーダ』はすでに十七世紀にフランスに持ち込まれており、その翻訳への関心は高かった。カルカッタからの帰国組のウィルソンをはじめ、先述の通りドイツ人のローゼンなどが翻訳に挑んだが、完訳にはほど遠かった。この『リグ・ヴェーダ』の全訳を完成させるのは、第Ⅲ章で詳述するマックス・ミュラーである。マックス・ミュラーはオックスフォード大学のサンスクリット語講座主任教授のポストをえることはできず、比較言語学（比較文献学）講座の主任教授となっていた。

ここまでオリエンタル・ルネッサンスといいながらも、比較言語学の確立に主眼を置いて述べてきた。それは筆者が言語学を専門とするという理由からでは決してない。それは、

㈠オリエンタル・ルネッサンスに関連していえば、十四世紀から十六世紀のルネッサンス

によって、いろいろな成果をあげたように、オリエンタル・ルネッサンスによって比較言語学が誕生し確立したということ。つまり、オリエンタル・ルネッサンスがたんなる文芸復興運動やロマン主義運動ではなく、オリエンタル・ルネッサンスによって、あたらしく学問が誕生したことをしめす。

㈡本書の主題の一つである「アーリヤ人」に関していえば、この比較言語学によって発見された印欧語族という概念が、問題となる「アーリヤ人」という、新たなる概念を生み出していくということと、その「アーリヤ人」概念を生み出す前史をここでしっかりと把握しておく。

この二点を明確にしておきたかったからである。

そして本書のテーマはあくまでも㈡が主体である。したがって、オリエンタル・ルネッサンスから、いかにして、どのような影響をドイツの哲学者や西洋の文学者が受けたのか、そういった問題はここではふれない。だが、言語学やインド学の誕生とそれらの発展に、オリエンタル・ルネッサンスが大いに関係することだけはこれまでの記述で理解いただけたのではないだろうか。

シュワブはオリエンタル・ルネッサンスの終焉を一八七〇年代と考えている。一方、第Ⅲ章で述べる、シュライヒャーやダーウィンの活躍は一八四〇年代からはじまっている。しかし、かれらはインドというコンテキストからははずれているので、シュワブの『オリエンタル・ルネッサンス』にはとくに言及されていない。シュワブの記述にしたがえば、十九世紀中期にはまだまだオリエンタル・ルネッサンスがつづく。

ここで誤解をあたえてはいけないので強調しておくが、オリエンタル・ルネッサンスはなにも印欧比較言語学を生んだだけではない。ジャン＝フランソワ・シャンポリオン（一七九〇―一八三二年）によるロゼッタ・ストーン解読にはじまる未解読古代文字の研究も、オリエンタル・ルネッサンスと関連する。また、ヨーロッパにおけるヒンドゥー教や仏教の再発見も、深遠なるインド哲学のブームも、オリエンタル・ルネッサンスという時代がもたらしたものである。しかし、本書はオリエンタル・ルネッサンスをテーマとしているわけではない。あくまでも西洋におけるインド学・言語学の誕生と発展をみることと、それがのちに西洋中心主義的な「アーリヤ人」という概念とむすびつくことをみていくものである。

第Ⅲ章　アーリヤ人侵入説の登場

——十九世紀後半のヨーロッパ——

一　系統樹説と印欧語族の故郷

アウグスト・シュライヒャー

これまでみてきたように、印欧比較言語学はボップ、ラスク、グリムらによってその比較方法の基礎が確立する。そして十九世紀半ばに、印欧比較言語学を発展させたのがアウグスト・シュライヒャー（一八二一―六八年）である。しかし、サンスクリット語を学習し、『ナラ王物語』をチェコ語に翻訳出版しているにもかかわらず、シュライヒャーは『ドイツのインド学者たち――ドイツ語による著作をもつインド研究者たちの伝記』（Stache-Rosen 1990）に掲載されていない。たしかに、シュライヒャーはインド学プロパーではない。しかし、シュライヒャーが印欧祖語という概念を確立し、それが「アーリヤ人」概念を生みだしていったという経緯がある。本書のテーマである「アーリヤ人」概念の成立と関連するので、ここでとりあげておきたい。

言語学史を専門とするオタワ大学のケルナーによれば、シュライヒャーは十九世紀中期にもっとも影響力のあった言語学者である。しかし、シュライヒャーの死後、アメリカのイェール大学のサンスクリット語学者であり、言語学者であったウィリアム・ドワイト・ホイットニー（一八二七―九四年）が、シュライヒャーの「言語の自然科学的理論」や「ダーウィニズム」を攻撃したこと、十九世紀後半に活躍する青年文法学派たちが、シュライヒャーをふくむ、かれらの恩師たちを認めようとしなかったこと、とりわけシュライヒャーの弟子であったヨハネス・シュミット（一八四三—一九〇一年）は、シュライヒャーの系統樹説に対抗し、波のように言語が伝播するとみる波動説を提唱し、シュライヒャーの説に正面きって反対したことなどの理由により、十九世紀後半から二十世紀にかけて、シュライヒャーはあまり評価されてこなかった。しかし、一九五〇年代に入ると評価されるようになり、一九七二年には生誕一五〇周年記念論集が刊行されるほど高い評価を受けるようになって、現在にいたっている。ここではケルナーや風間喜代三らに依拠しながら、まず、シュライヒャーの生涯からみていこう。

シュライヒャーは一八二一年二月十九日に、ドイツのマイニンゲンで生まれた。父は医者で、その影響からか、子どもの頃から自然、とくに植物に興味を持ち、生涯を通じて園芸家であった。一八四〇年から四一年にかけて、ライプツィヒ大学やテュービンゲン大学で神学をこころざしたが挫折し、ボン大学に移り、古典文献学と東洋語学で学位をえた。一八四八年から四九年にかけての「自由と統一」を掲げた革命運動の時期には、ジャーナリストとして活躍し、プラハを拠点に、パリ、ブリュッセル、ウィーンをとびまわった。一八五〇年には、古典文献学の助教授として、プラハ大学にむかえ入れられ、のちにはドイツ語、サンスクリット語、比較言語学も担当するようになり、一八五三年には正教授となっている。このプラハ大学での日々はかなり過酷なものだったようだ。というのも、チェコにはプロテスタントに対する偏見があり、またオーストリア当局がジャーナリスト時代のシュライヒャーの活動に敵意をもっていたからである。

私的な体験においても、一八五四年の結婚後に生まれた子どもが病死する不運にみまわれ、プラハでの体験はシュライヒャーに精神的な悪影響をあたえることになる。この辛い経験から一刻も早く脱出したかったシュライヒャーは、一八五七年にイェーナ大学に移る。名誉教授という役職で、プラハ大学の給料の半分という条件だったが、シュライヒャーはその職を喜んで受諾した。その後、もっといい条件で、ワルシャワ大学やサンクト・ペテルブルク・アカデミーから誘われるが、プラハでの体験がよほど過酷だったのか、イェーナから動こうとしなかった。一八六八年十二月六日、イェーナで肺炎のため四十七歳の生涯を閉じた。

めぐまれた生涯を送ったとはいいがたいシュライヒャーだったが、かれが確立した概念として、今日まで言語学概論に登場するのは、印欧語系統樹説である。ここに、風間喜代三の『言語学の誕生』(風間 一九七八)から引用しておく(次頁図)。分岐のしかたや言語の分類については、シュライヒャーの説が現在そのまま継承されているわけではないが、系統樹という考え方自体は今でも有効である。

系統樹は生物の進化系統樹と類似している。この系統樹説と、ダーウィンの『種の起原』(一八五九年)の独語訳を読んで書いた『ダーウィンの理論と言語学』(一八六三年)をもって、シュライヒャーはダーウィン主義者というレッテルを貼られ、そのために言語学史から抹殺されそうな時期もあった。しかし、シュライヒャーの系統樹説は『種の起原』が刊行される六年前、一八五三年に発表されており、たんなるダーウィンの追随者という意味におけるダーウィン主義者というのはあたらない。言語を自然の有機体とみる考え方は、ダーウィンを読む以前から持っていたし、第Ⅱ章でみたフリードリヒ・シュレーゲルのように、言語有機体説はなにもシュライヒャーによる独自の発想ではなく、十九世紀前半の特徴でもあった。したがって、自分の考え方に近いダーウィンにとびついたにすぎない。

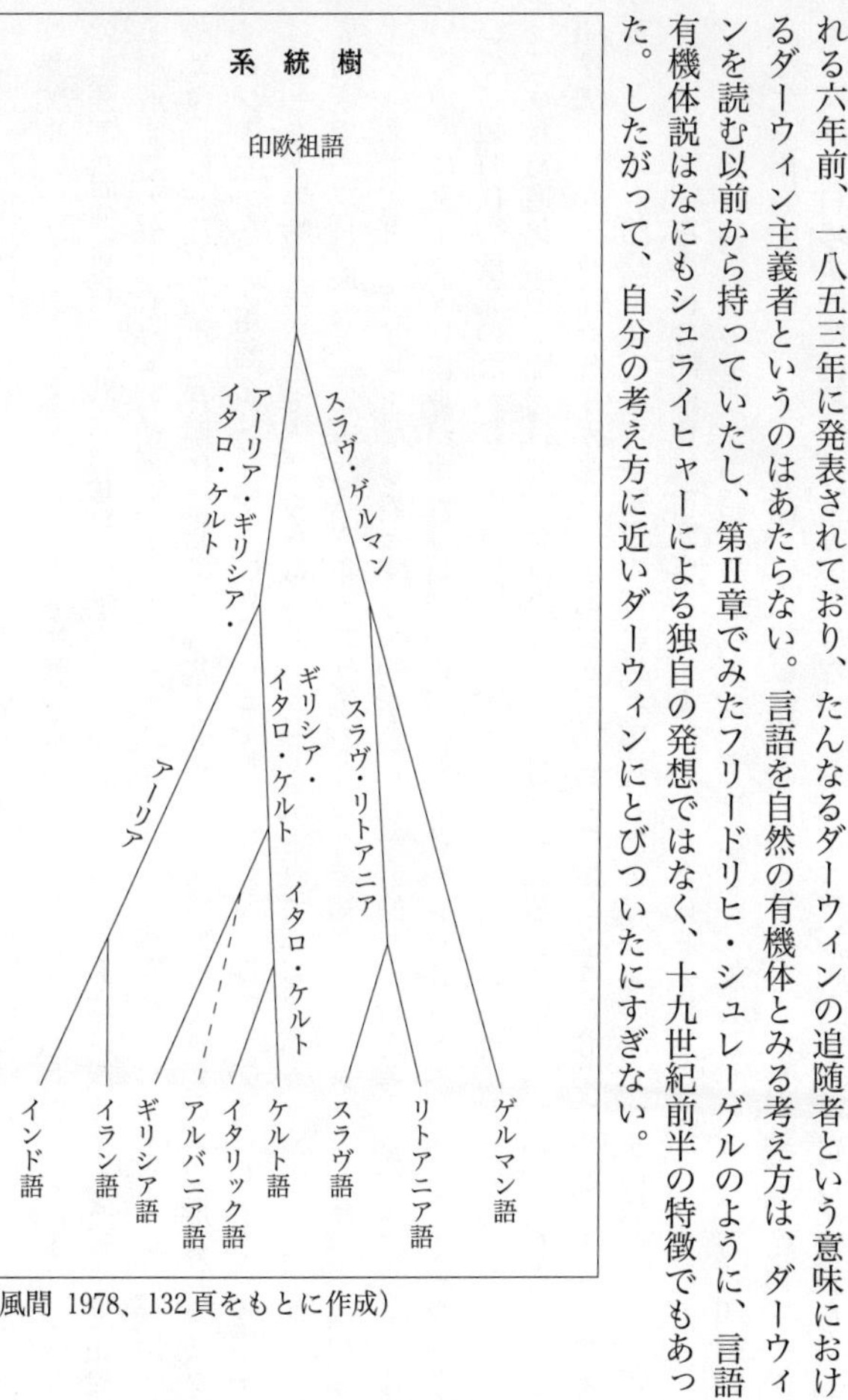

（風間 1978、132頁をもとに作成）

また、進化論についても、ダーウィンよりも、イェーナ大学での同僚だったエルンスト・ヘッケル（一八三四―一九一九年）から影響を受けたといわれる。八杉龍一の『ダーウィンの生涯』（岩波新書、一九五〇年）によると、ヘッケルは「自然淘汰説を普及させ、進化論を唱道する上で、もっとも功績があった」（一八二頁）と評価されている。さらに、シュライヒャーは一八五九年に、現代言語学でも基本的用語として使用されている「形態論（モフォロジー）」という用語をはじめて用いたことでも知られる。このモフォロジーという用語はもともと生物学の用語で、こちらは「形態学」と訳されている。ヘッケルはその形態学の専門家で、『一般形態学』（一八六六年）を執筆したことで知られる。シュライヒャーを評価するうえで、ダーウィンをはじめとする生物学からの一方的な影響を考えるのは適当ではない。のちにダーウィン自身が比較言語学から影響を受けていたことをみるが、進化論をみちびくこの時代の潮流のなかに、シュライヒャーもいたとみるのが妥当ではなかろうか。

こうした進化論の文脈だけで、シュライヒャーは知られるようになったわけではない。言語学史上、シュライヒャーが名をとどめているのは、印欧祖語をはじめて再建したからである。とくに、印欧祖語の母音や子音の音組織を再建したのはシュライヒャーの新しいこころみであって、その後の印欧比較言語学の先鞭をつけたことはまちがいない。

ここで比較言語学の重要な用語である「再建」とはなにか、説明しておこう。現代印欧諸語を生み出した、もとになる言語、すなわち印欧祖語とはあくまでも理論上の産物であって、文献史料によって確認できるものではない。したがって、現在残された言語史料から、比較方法を使って、みちびかねばならない。それを「再建」といい、再建された音や語は「再建形」と呼ばれる。それまで、サンスクリット語が一番古く、サンスクリット語そのものが印欧祖語であるといった考え方が有力だった。シュライヒャーも、そうした考え方に影響を受けているものの、サンスクリット語とはことなる印欧祖語の語形を再建している。その再建した印欧祖語を用いて、シュライヒャーは寓話を書いた。それはのちに、青年文法学派のベルトルト・デールブリュク（一八四二―一九二二年）にジョークとまで揶揄されることになるが、印欧祖語の語形は理論上の虚構の産物とみなすのか、実在の音をしめしているとみるのか、二十世紀半ばすぎまで議論を呼ぶことになる。現在は実在の音をしめすとみる考え方が一般的で、シュライヒャーのこころみは祖語形に問題があっただけで、決してジョークではないことをその後の言語学が証明している。

シュライヒャーは印欧祖語を再建してみせた。そのことで、のちに述べるように、再建された語彙を手がかりとした言語学的古生物学を生んだ。その言語学的古生物学の成果から、印欧祖語の話し手、つまり「アーリヤ人」の宗教や文化に関心がいき、「アーリヤ人種説」を生んでいく。こうした学問のながれを念頭におきながら、シュライヒャーの生涯と業績をふりかえってみた。

チャールズ・ダーウィン

十九世紀半ばに、科学史上、最も重要な書物の一つが刊行される。一八五九年に出版された、チャールズ・ダーウィン（一八〇九―八二年）の『種の起原』である。この書は生物学のみならず、哲学や思想にも多大なる影響を与えた。ダーウィンの伝記やダーウィニズムに関しては、八杉龍一による『ダーウィンの生涯』や『進化論の歴史』（岩波新書、一九六九年）、そして『ダーウィン自伝』（八杉龍一・江上生子訳、ちくま学芸文庫、二〇〇〇年）、『ダーウィニズム論集』（八杉龍一編訳、岩波文庫、一九九四年）をはじめ、邦訳があるものだけでも、相当数にのぼる。二〇〇九年のダーウィン生誕二百年を記念して、一九九九年からダーウィンの著作をあらたに訳し刊行する『ダーウィン著作集』（全四巻、文一総合出版、一九九九―二〇〇〇年）が企画されるなど、その学問的な影響や人気はいっこうに衰えるきざしがない。

ダーウィニズムが自然科学だけでなく、社会科学や人文科学に影響を与えたことはいうまでもない。一方、ダーウィンが進化論を打ち立てるのに当たって、さまざまな学問から影響を受けていることもよく知られている。ダーウィンが影響を受けた先行研究として、経済学者のトマス・ロバート・マルサス（一七六六―一八三四年）の『人口論』（第六版、一八二六年）（永井義雄訳、中公文庫、一九七三年）やチャールズ・ライエル（一七九七―一八七五年）の『地質学原理』（全三巻、一八三〇―三三年）などがあげられてきた。ところが、これまでダーウィンの進化論が言語学との関連で語られることは少なかった。すでにみたシュライヒャーのように、言語学がダーウィンから受けた影響についてはこれまでも指摘されてきた。ただし、前述のとおり、シュライヒャーをダーウィン主義者とみなすのは適切ではない。

ダーウィンが言語学から影響を受けてきたことは、これまであまり検証されてこなかった。ダーウィンの同時代人をあつかった松永俊男の『ダーウィンをめぐる人々』（朝日選書、一九八七年）にも、言語学者は登場しない。ところが、一九九九年『ダーウィニズムと言語学的イメージ――十九世紀の言語・人種・自然神学』（Alter 1999）が出版された。そのなかで、著者ステファン・オルターは、ダーウィンと言語学の関係を詳細に論じている。そして、ダーウィンは比較言語学の成果を取り入れていたことを指摘している。そのオルターの著作を利用しながら、ダーウィンと言語学の関係をみておこう。

ダーウィンが生物の系統分類を考えたとき、言語の系統分類が念頭にあった。まず、オルターはその点を指摘する。『種の起原』（ダーウィン　一九九〇）のなかに、つぎのような一節がある。

分類にかんするこの見解を言語の例で示すのは、たぶん有効であろうと思う。もしも人類の完全な系譜がつくられているとしたなら、諸人種の系統的配列は、いま世界中で話されているさまざまな言語にたいして最良の分類を与えるところのものとなろう。そして、消滅したすべての言語や、あらゆる中間的言語や、また徐々に変化する方言が、そのなかに包含されるならば、このような配列こそは唯一の可能なものであろうと、私は考える。ところで、ひじょうに古い言語のあるものはあまり変化せず、また新しい言語をほとんど生じさせなかったのにたいして、他のあるものは（共通の人種に由来するあまたの人種の拡散やその後の孤立化、およびそれらのもつ文明の状態のために）おおいに変化し、また多数の新しい言語や方言を生ぜしめた、ということがありうる。おなじもとからでた諸言語における差異のいろいろちがった程度は、群の下に群をおくというようにして表現せねばならないであろう。だが、ほんらいの、また唯一の可能なものですらある分類は、やはり系統的なものである。そして、これが厳格に自然的なものである。なぜなら、それは消滅したものおよび現在のものを含めあらゆる言語を密接な類縁によって結合するものであり、それぞれの言語の派生と起原とを示すものだからである。（ダーウィン 一九九〇、下、一八一―一八二頁）

ダーウィンはここで、生物の分類、われわれが学校で習った節、属、亜科、科、目、綱などの分類が系統分類であることを言語を例にしてしめしている。つまり、一八五九年時点において、あるいは草稿を執筆した、それ以前に、印欧比較言語学の成果である言語の系統分類が生物の系統分類以上に、一般的であったことをしめしているといえる。イギリスの有名な歴史家であるエリック・ホブズボーム（一九一七―二〇一二年）は、邦訳もある『市民革命と産業革命』（一九六二年）（安川悦子・水田洋訳、岩波書店、一九六八年）のなかで、「言語学は、進化をまさにその核心だとみなした最初の科学であった」（四七六頁）と指摘しているが、それを十分実感させるダーウィンの発言である。

では、ダーウィンはどのように比較言語学の成果を知ったのか。オルターは、その可能性をいくつかあげている。まず、ダーウィンの従兄であり義兄にあたるヘンズレー・ウェジウッド（一八〇三―九一年）は『英語語源辞典』（一八五九―六五年）の編纂にたずさわった人物で、『言語の起源』（一八六六年）という著書があり、比較言語学の成果についての知識をもっていた。ダーウィンがかれから比較言語学の知識をえていたことは、ほぼまちがいない。

また、『ダーウィン自伝』によれば、ドイツの自然科学者アレクサンダー・フォン・フンボルト（一七六九―一八五九年）の『新大陸赤道地方紀行』（一八一四―二五年）（上・中・下、大野英二郎・荒木善太訳、岩波書店、二〇〇一―〇三年）を学生時代に読み、ビーグル号による航海からもどったあとに、フンボルトに直接面会もしている。このアレクサンダー・フォン・フンボルトは第Ⅱ章でみたヴィルヘルム・フォン・フンボルトの弟である。アレクサンダーは言語学者ではなかったが、兄の遺作『言語と精神――カヴィ語研究序説』（一八三六年）（亀山健吉訳、法政大学出版局、一九八四年）の序文を執筆し、言語学にも造詣が深かった。そのフンボルト経由で比較言語学の成果を知った可能性もある。

さらに、ダーウィンは一八四〇年に、ベンガル・アジア協会が出版した『アジア研究』を読み、そこに掲載されていたウィリアム・ジョーンズの講演録を読んでいる。一八七四年の『人類の起原』（第二版）（ダーウィン 一九六七）には、「もし、二つの言語を比べて、わずかな単語や文章構成に大きな相違がみられるとしても、大多数の単語や文章構成の点で互いに似通っていれば、この二つの言語が共通の源に由来することが普通に認められるであろう」（一二〇頁）という一節がある。第I章で引用したウィリアム・ジョーンズの講演を思い出していただきたい。「共通の源」とはまさにジョーンズの発言そのものであって、たんなる偶然とはとても思えない。

これまでいわれてきた、マルサスの『人口論』、ライエル『地質学原理』に加えて、すでにみたように、印欧比較言語学の成果を取り入れながら、ダーウィンは『種の起原』を執筆したことはうたがいない。それから十二年後に出版された『人類の起原』では、第三章で「言語」の小見出しを立てて、言語学を「りっぱな科学」（ダーウィン 一九六七、一四七頁）と述べて、言及している。とくに、この時代のイギリスにおいて、比較言語学をリードしていたマックス・ミュラーとは見解の相違があったが、その相違について、ダーウィンはつぎのように記している。

いく人かの著者、特にマックス・ミュラー教授は、最近次のように主張している。すなわち、言語の使用は一般的概念を形成する能力があることを意味しており、この能力をもっている動物があるとは考えられないから、動物と人間との間には越えることのできない障壁があるということになる。私は、動物がこの能力を少なくとも幼稚で萌芽的な程度でならば、もっているのだということを示そうとしてきた。（ダーウィン 一九六七、一五〇頁）

一九八九年に原著が出版された『言語論のランドマーク』（ハリス＆テイラー　一九九七）では、マックス・ミュラーは一八六四年までに「ダーウィニズム」と妥協し、「動物の感覚の働き方と人間の感覚の働き方とを区別する十分な根拠が何もないことを認める」（三〇六頁）と指摘しているが、私がマックス・ミュラーを読むかぎりでは、この指摘はうたがわしい。一八七一年版の『言語科学講義』序文のなかでも、ダーウィン説を否定し、「われわれのルビコン河〔動物と人間とをわける境界線〕をあえてわたろうとする動物はいない」と述べて、動物と人間の区別を堅持している。マックス・ミュラーは政治的判断や一般受けを重視するせいか、かなり発言に一貫性を欠くところがあり、また、この「ルビコン河」のように比喩や隠喩を好んで使うために、あいまいな表現が多い。

ダーウィンに関していえば、とりわけ動物から人間への連続的な進化に対し、言語という障壁を理由に基本的には反対の立場を採りながら、一方ではダーウィンを「天賦の才」や「真理の追究者」と呼んで賛美する。こうした表現にふりまわされずに、マックス・ミュラーの真意をよくたしかめる必要がある。いずれにせよ、マックス・ミュラーの一般読者を想定した講義は、『言語科学講義』といいながら、比喩や隠喩を連発し、どちらともとれるようなアンビバレントな態度が目につき、「科学」的態度とはいいがたい。それが後述する「アーリヤ人問題」を生むことにもなる。

進化論と十九世紀半ば以降の学問動向

ここで言語学史でもなければ、進化論研究史でもない本書が、なぜダーウィンに言及したのか、その理由をあきらかにしておかねばならない。まず、言語学史にからめていえば、オリエンタル・ルネッサンスによって、誕生・発展した印欧比較言語学がダーウィンの進化論形成にも影響をおよぼすほど、十九世紀半ばには学界、思想界において、大きな存在であったことを指摘したかったのである。本書を執筆するにさいして大いに利用させてもらったレオン・ポリアコフ（一九一〇―九七年）の『アーリア神話』（一九七一年）（ポリアコフ 一九八五）のなかにも、「言語学がその方法あるいは権威を他の人文科学の分野に対して強いながら、先導的な科学としての役割を果したのは、二十世紀の半ばの構造人類学の時代だけではなく、十九世紀を通じての、ロマン主義の東洋主義（オリエンタリズム）の航跡の中においてもそうであった」（三四二頁）とある。先のホブズボームの発言とあわせて考えると、十九世紀における比較言語学の重要さは強調しても強調しすぎることはない。

進化論に関していえば、いまや学問の細分化が進み、進化論が論議されるのは生物学などの限られた分野だけになっている。しかし、進化論が生み出された十九世紀半ば頃はそうではなかった。そこで、まず、ダーウィン自身は生物学以外の『地質学原理』や『人口論』、あるいは印欧比較言語学から多大な影響を受けていたこと、つぎに、こうした十九世紀半ば以降の学問動向が、ダーウィンに代表されるように起源探究にむかったこと、そして、それが後述する「アーリヤ人の故郷」探しへとつながり、ひいては言語の系統分類であった印欧語族の別名「アーリヤ」が、民族としての、さらには人種としての「アーリヤ」へと移行していくことなど、当時の学問の流れをここで指摘したかったのである。

最後に、先の表現からは、「アーリヤ人種説」形成において、ダーウィンにも責任があるように思われるかもしれない。しかし、それは誤解である。

ダーウィンは『人類の起原』の第一部第七章のなかで、「人種について」の見解を述べている。現在でも、「アーリヤ人のような顔立ち」といった表現がみられるが、このような人種差別主義をみちびくような「アーリヤ人」観が、のちに述べるように、十九世紀後半に形成されていく。しかし、その渦中にあっても、ダーウィンはこうした見解に与することがなかった。ダーウィンは、「知的、道徳的、あるいは社会的な能力は、もとよりこの記述〔人種差の記述〕から除外されなければならない。人種間の外部的な差異がすべて、きわめて変異をおこしやすいものであるということは、やはりそれらがあまり重要なものではありえないことを示している」（ダーウィン　一九六七、二五九頁）と述べて、現代の人種差別主義者にも、ぜひ聞かせたいような立場を堅持している。

たしかに、ダーウィン自身は「長頭でブロンドの髪をもつアーリヤ人」といったアーリヤ人種説とは無縁だった。しかし、「自然淘汰」や「適者生存」といった考え方が人種の優劣を助長し、優秀なる「アーリヤ人種」が劣悪なる「セム人種」を「自然淘汰」すべきだと考える人々がダーウィンの学説で勇気づけられたことも、まぎれもない事実である。このこともまた指摘しておく必要はあるだろう。

ピクテと言語学的古生物学

ダーウィンが『種の起原』を発表した、ちょうど同じ年の一八五九年に、『印欧語族の起源あるいは原アーリヤ人、言語学的古生物学研究の試み』が出版される。その著者であるアドルフ・ピクテ（一七九九―一八七五年）について、風間喜代三の『印欧語の故郷を探る』（風間 一九九三）やモーリス・オランデール（一九四六―二〇二二年）の『エデンの園の言語』（一九八九年）（オランデール 一九九五）を利用しながら、みていこう。

ピクテはジュネーヴのプロテスタント主義のカルヴァン派の指導的な家柄に生まれた。一八二〇年にはパリでヴィルヘルム・シュレーゲルからサンスクリット語を習い、一八二一年から二二年にかけてドイツへ行き、文学者ヨハン・ヴォルフガング・フォン・ゲーテ（一七四九―一八三二年）や哲学者ヘーゲル（一七七〇―一八三一年）に会い、翌年からはロンドン、エジンバラと移住し、ケルト語を修得する。軍人出身であるピクテは、一八二七年には「ピクテ・ロケット弾」を組み立て、一八四八年ごろには起爆装置付砲弾をつくり、それをオーストリア政府に売却するなど、弾道学に対する情熱を一生涯持ちつづけた人物でもある。その後、ジュネーヴ大学で数学、文学、博物学と弾道学を教え、在職中の一八三六年には、フレデリック・ショパン（一八一〇―四九年）と浮き名を流したジョルジュ・サンド（一八〇四―七六年）、天才的ピアニストで作曲家のフランツ・リスト（一八一一―八六年）、そしてリストの愛人、マリー・ダグー伯爵夫人（一八〇五―七六年）と四人でシャモニーに小旅行し、その体験を『シャモニーへの小旅行、ファンタスティックな物語』（一八三八年）として出版している。一八四一年には、ジュネーヴ学士院で美学と現代文学史の教授となっている。

ピクテのその幅広い関心領域とたぐいまれなる多才ぶりをみるだけで、まるで小説の主人公を地でいくようなドラマチックな人生だったことがうかがえる。しかし、こうしたハデな一面だけではなく、二十世紀言語学の創始者、ソシュールにとっては「きわめて抽象的な問題を明確に提示し、その学問の確固たること以上に、その精神の魅力によって聴き手をとらえてしまう稀なる才能をもった」（風間　一九九三、二七頁）恩師であった。

この『印欧語族の起源あるいは原アーリヤ人、言語学的古生物学研究の試み』は二巻本で、一八六三年に第二巻が刊行された。翌年には、ピクテはこの二巻本でヴォルネー賞を受賞するが、このヴォルネー賞については後述する。

さて、タイトルにある言語学的古生物学研究とはいかなるものなのだろうか。言語学と古生物学が併記された耳なれぬ名称である。シュライヒャーのところで述べたように、十九世紀半ばには印欧祖語という考え方が確立する。すると、再建された印欧祖語の語彙から、印欧祖語の時代の文化やそれが話されていた場所を特定することができると考えられるようになる。

具体的にいえば、印欧諸語をながめると、「雪」を意味する単語は同源語である。このことから、印欧祖語の話し手は雪を知っていたとみる。比較言語学の方法を使って、古生物を復元する。その方法を言語学的古生物学と呼ぶ。つまり、印欧祖語の時代の生物や環境を調べる学問と考えるとわかりやすい。そうした生物や環境を知ることによって、印欧祖語の話し手たちがどこに住んでいたのか。印欧語族の故郷はどこか。印欧祖語の語彙から推定される生物の生息域や環境に合致した地域はどこなのか等々、考察していく。この印欧語族の故郷を推測することが、言語学的古生物学の大きな目的なのである。

ピクテが言語学的古生物学に関心をもちはじめた頃はまだ、印欧語族の祖先はサンスクリット語だと考えられていたので、ピクテはサンスクリット語から出発する。言語学的古生物学による研究の結果から、ピクテが印欧語族の故郷と推定したのは、バクトリア、つまり中央アジアのアム川中流域の地帯だった。その理由は、先の「雪」の例などから、季節が雪と氷に閉ざされる冬と春と夏の三つしかない地域であろうということ、印欧祖語から推察すれば、山や川や谷が豊富で、海をもつ、つまりカスピ海があること、また鉱物、動物、植物などの語彙を検討した結果もバクトリア説に矛盾がなかったこと、それらを総合したうえで出した結論であった。なお、この「言語学的古生物学」という用語は、言語学者、小林英夫（一九〇三―七八年）がソシュールの『一般言語学講義』（一九一六年）（邦訳の初版の題は『言語学原論』一九二八年。いずれも岩波書店）を刊行する際に採用した訳語である。戦後の印欧比較言語学をリードしてきた高津春繁（一九〇八―七三年）はそれを改訳し、「言語による先史研究」と意訳したのだが、この高津訳のほうがもっぱら流布している。本書にしばしば登場する風間喜代三もこの訳語を採用しているし、『言語学大辞典』第六巻「術語編』（三省堂、一九九六年）においても、この訳語が採用されている。

　たしかに、厳密な意味においては、高津や風間の訳を採用したほうが内容にそくしている。というのも、古生物学という名称でありながら、「雪」の例のように、生物に限定されているわけではないからだ。しかし、その後の言語学的古生物学で問題となったものをあげると、「ライオン」「ぶな」「鮭」「馬」など、たしかに生物と呼んでいいものばかりである。また、私はこの直訳である旧名のひびきに愛着を感じている。そこで、本書では「言語学的古生物学」という訳語を使用する。

言語学的古生物学と印欧語族の故郷

　ところで、この印欧語族の故郷（言語学用語としては独語の「ウアハイマート（Urheimat）」を使用する）をめぐる議論はピクテの時代から現在も継続中で、いまでも決着をみない魅力あるテーマである。継続中の証に、二〇〇二年の『カレント・アンスロポロジー』（この雑誌は題こそ「現代人類学」と銘うっているが、その関心領域は人類学だけにとどまらず、人類文化一般に関心をよせている）にも、「考古学と言語」や「印欧語族の親族名称再考」と題する論文が掲載されている。かつて、この研究がナチス・ドイツによって利用され、印欧語族の故郷もゲルマン一色にそまった時期があった。また、その反動で議論がタブー視される時代もあった。

　しかし、戦後は考古学者が中心になって議論が進み、カルフォルニア大学ロサンゼルス校のマリヤ・ギンブタス（一九二一—九四年）が一九五六年にクルガン文化説を提唱した。クルガンとはチュルク語を語源とするロシア語で「塚」を意味し、ヴォルガ川下流域からアラル海にかけて広がる考古学上の文化の総称で、かれらの墓が塚状であることからクルガンと呼ばれている。この紀元前四五〇〇年からはじまるクルガン文化と印欧祖語の話し手の文化を同一のものと、ギンブタスはみなしている。これまで言語学者主導でおこなわれてきた印欧語族の故郷探しは、ギンブタス以後は考古学者主導にとってかわる。御用言語学者が恣意的な語源解釈で、印欧語族の故郷を政治的に利用した過去を清算し、考古学的証拠を優先させるようになったことは、印欧語族の故郷探しが現在まで生きのびた理由である。

一九八七年には、ケンブリッジ大学考古学教授のコリン・レンフルー（一九三七年生）が、『ことばの考古学』（レンフルー　一九九三）を刊行した。そのなかで、レンフルーは近東説を展開している。レンフルーが注目するのは農耕で、農耕技術の伝播と印欧語族の話し手の拡散を重ね合わせることによって、印欧語族の故郷をアナトリア、現在のトルコあたりに推定している。このレンフルーの研究以後、一九九〇年代に、考古学と言語学は急接近していく。とくに、一九九四年の世界考古学会では「考古学と言語」という特別なセッションがもうけられ、その成果として『考古学と言語』全四巻（一九九八—九九年）が出版されている。それらの多くは、いわば言語学的古生物学の成果を考古学でうらづけるか、考古学の成果に対し比較言語学的なうらづけをもとめるか、どちらかの研究である（本書の原本である『新インド学』を出版して以後、急速に発展したのがＤＮＡ研究である。とくに、古人骨からのDNA抽出が可能となり、古代の人類移動に関する研究が進んでいる。ハーヴァード大学のデイヴィッド・ライク（一九七四年生）は古代DNAの全ゲノム研究に特化したアメリカで初の研究室を開設し、研究室のサイトには多くの論文がアップされている。それらは執筆者が十名以上にもおよぶので、煩雑を避けるために一々論文名をあげないが、それらの研究によると、印欧祖語の故地はアナトリア仮説よりもクルガン仮説のような中央アジアのステップ起源とみている。なお、古代DNA研究の成果の一端はデイヴィッド・ライク『交雑する人類――古代DNAが解き明かす新サピエンス史』日向やよい訳、NHK出版、二〇一八年を参照）。

この印欧語族の故郷問題を本書のテーマにそくしていえば、「印欧語族のインド起源説」もある。第Ⅳ章で述べるように、一九九〇年代以降、インドにおいて、反「アーリヤ人侵入説」が力をます。その反「アーリヤ人侵入説」を唱道しているのは、おもにヒンドゥー国家建設をかかげるヒンドゥー・ナショナリストと呼ばれる人たちである（最近の動向については補章を参照のこと）。かつて、ナチス・ドイツが「印欧語族ゲルマン起源説」を歓迎したように、ヒンドゥー・ナショナリストたちも「印欧語族インド起源説」を歓迎している。しかし、幸か不幸か、比較言語学の見地からは、その可能性がまったくゼロではないにしても、かなり低い。十九世紀の研究が一時的にはだれにもかえりみられなくなっていたが、その後の考古学研究の長足の進歩によって、またよみがえりつつある。言語学的古生物学とはそんな研究分野なのである。

言語学的古生物学と「アーリヤ人」

話が先に進んでしまった。十九世紀にもどろう。ピクテがおこなった言語学的古生物学の方法は本来、理論的産物にすぎなかったはずの印欧祖語に実体をふきこむことになる。ここに印欧語族という同系言語をさすにすぎなかった用語が一人歩きをはじめる。また、印欧語族の故郷が同定されると、その故郷からの移住も想定される。その移住が先住民との対立をもたらしたと考えるならば、「移住」は「侵入」となる。言語学的古生物学とその成果から推定される印欧語族の故郷探しが、結果的には「アーリヤ人侵入説」を生むのである。

ところで、十九世紀の比較言語学研究は宗教色に彩られている。そしてアーリヤ人は一神教か、多神教かという問題はかなり重要なテーマとなっていく。ピクテは印欧祖語の語彙研究から「原初の一神教」の存在をあきらかにすると主張している。また、ピクテ自身は対立的な図式にとらわれたわけではないが、同時代の研究者のなかには、印欧語族のキリスト教とセム語族のユダヤ教という二分法を助長させる人もいた。すなわち前者が「アーリヤ人」として、後者が「セム人」として、宗教的な対立や人種的な対立を生み、やがて戦争の世紀、二十世紀に突入することになる。

私は宗教問題としての「アーリヤ人」説、あるいはユダヤ人問題としての「アーリヤ人」説には、あえてこれまでふれることはしなかった。というのは、本書のテーマはあくまでもインドである。また、ヨーロッパの宗教問題やユダヤ人問題については、私の手におえるものではない。このあたりの経緯はポリアコフの『アーリア神話』（ポリアコフ 一九八五）とオランデールの『エデンの園の言語』（オランデール 一九九五）にくわしい。関心のある方々は、ぜひこの二書を読まれることをおすすめする。ここでは、宗教的な動機づけが比較言語学研究に影をおとしていたことだけを指摘するにとどめる。

ヨーロッパにおける宗教対立や人種対立が問題になると、あれほど情熱的だったインドへの憧憬は消え、「セム人」に対抗する意味での「アーリヤ人」だけがクローズ・アップされてくる。そして、この「アーリヤ人」観がいわばインドに逆流するかたちで「アーリヤ人侵入説」が生まれる。そうした歴史的な位置づけでピクテをみる必要がある。先のピクテのタイトルに注目すると、「印欧語族の起源」と「原アーリヤ人」が同意語として使われていることに気がつく。こうしたアーリヤ人をもって印欧祖語の話し手をさすようになる歴史について、その唱道者であるマックス・ミュラーとともに、次節でみていくことにしよう。

二　マックス・ミュラーと「アーリヤ民族」

アーリヤ人とは

ここまで、西洋におけるインド学と言語学の成立と発展を、それに寄与した人物に焦点をあてながらみてきた。この歴史の延長上に、「アーリヤ人」の問題、とりわけ「アーリヤ人侵入説」がある。これまではその「アーリヤ人」という概念が成立するまでの前史をみることに主眼をおき、「アーリヤ人」そのものについては述べてこなかった。「アーリヤ人」とはだれのことをさすのか。「アーリヤ人」とは生物学的に分類される人種なのか、歴史的社会的に規定される民族なのか。はたまた人種でも、民族でもない、多民族多人種からなる「アメリカ人」のような国民をさすのか。その実体について、ここでみておきたい。
「アーリヤ人」の問題に入るまえに、まず「アーリヤ」という語の意味から考えてみよう。「アーリヤ」はサンスクリット語であり、その意味するところは「高貴な」である。『漢訳対照 梵和大辞典』（講談社、一九八六年）には「信義厚き、自己の種族に関する、尊敬すべき」の意味も掲載されているが、「アーリヤ人」を論ずる際の「アーリヤ」の語源については、「高貴な」という意味でおおむねコンセンサスがえられている。ところが、「アーリヤ人」がだれをさすのかとなると、たちまち混乱が生じる。それぞれの学問的立場や背景のちがいによって、「アーリヤ人」のとらえかたがことなる。まず、そのちがいを辞（事）典類でみておこう。

アーリヤ人　広義においてはインド・ヨーロッパ人の同意語として用いられるが、最近の学術用語としてはインドおよびイランに定住したその一支派を指す。言語、宗教、文化を共通にしていたこの民族が嘗て自らアーリヤと称したことは、インドおよびイランの最古の文献に徴して明らかである〔中略〕。この語の原義は明確でないが、おそらく賓客として迎えた他部族の者を庇護厚遇する風習に基づくもので、この民族が一般には他部族の者を敵視しつつも、救護を求められた時には上記の慣習を重んじ、これを美徳として自ら誇ったことを知る。（『世界歴史事典』第一巻、平凡社、一九五一年）

アーリアン　本来は言語学上のことばであったが、人種概念として広く用いられるようになったもの。元来は「高貴な」を意味するサンスクリット ārya からきたことば。かつてカスピ海とヒンドゥー・クシ山脈との間のイラン高原に住む民族が話した言語から、それらの人々をアーリアンとよぶようになった。〔中略〕今日ではアーリアンを人種集団に用いるのはあくまでも世俗的用法であって、学問的にはインド・ヨーロッパ語族あるいはより限定してインド・イラン語族を表すものである。（『日本大百科全書』第一巻、小学館、一九八四年）

アーリア人　インド＝ヨーロッパ語系諸族と同義に用いられることもあるが、正確には、インド＝ヨーロッパ語系諸族の一派でインドとイランに定住した民族。アーリアとはサンスクリット語の「高貴」の意からきている。現在ではアーリアとはインド＝アーリア語族の意味で言語についてのみ使用される。（『ブリタニカ国際大百科事典』第一巻、TBSブリタニカ、一九八八年改訂版）

アーリヤ人　インド・ヨーロッパ語族に属する言語を話し、インドやイランに定住した人々をさす。アーリヤは〈高貴の〉という意味のことばで、彼らの自称である。（『世界大百科事典』第一巻、平凡社、一九八八年、および、それを転載した『南アジアを知る事典』平凡社、一九九二年）

アーリア人（もと「高貴な」を意味する梵語 arya から）インド‐ヨーロッパ語族の人々の総称。特にインド‐イラン語派に属する人が自らをアーリアと称した。（『広辞苑』第五版、岩波書店、一九九八年）

「アーリヤ人」「アーリアン」「アーリア人」と、見出し語からして統一されていない。また、言語学的にいえば、「インド・ヨーロッパ語族」をさすのか、「インド・イラン語派」をさすのか、そのあたりもきわめてあいまいだ。

一方、どの辞典類でも共通しているのは、「アーリヤ」が自称であるという指摘である。「アーリヤ」の意味については、今日一般的に「高貴な」の意味でコンセンサスがえられていると紹介したが、インド学の泰斗、辻直四郎（一八九九―一九七九年）が執筆した『世界歴史事典』だけは別の意味を掲載している。「アーリヤ人」の意味をめぐる混乱は言語、民族、人種の混同に原因がある。とくに、「印欧語族」の「族」という言葉が「民族」と混同されやすいが、「印欧語族」とは言語のグループ名をさすにすぎない。『世界大百科事典』の記述は「インド・ヨーロッパ語族」が言語グループをさすことを意識して、それらの混同に配慮がなされているが、あとの記述は言語の系統分類にすぎない「インド・ヨーロッパ語族」を民族や人種と混同し、あげくのはてには「インド・ヨーロッパ人」という用語まで登場している。「印欧語族」あるいは「インド・ヨーロッパ語族」の「語族」を「語属」という訳語にしたほうが、混同が少なくなるのではなかろうか。

こうした混同は、たんなる用語の問題ではない。なにをもって「アーリヤ人」とみなすか、研究者の立場によって、その定義がちがうことにある。そこで、そのちがいをみておこう。

まず、言語学的立場においても相違がみられる。インドの言語を研究する人にとって「アーリヤ人」とは、現代インド・アーリヤ諸語の祖先であるインド・アーリヤ祖語の話し手、あるいはそうした歴史的な存在ではなく、現代インド・アーリヤ諸語の話し手をさす。また、もっと具体的なレベルではヴェーダを制作した人々をさすこともある。

しかし、言語学者のなかでも異論はある。たとえば、これまでなんども引用した『言語学の誕生』（風間　一九七八）の著者である風間喜代三は、インド・イラン祖語を話す人々を「アーリヤ人」と呼んでいる。この言語学的立場の差はまだわかりやすい。というのも、インド・アーリヤ祖語をさかのぼると、インド・イラン祖語にたどりつくことができるからだ。すなわちこの二つの差はどこまでさかのぼって「アーリヤ人」をさすか、という問題なのである。また、イランの古典アヴェスターにも、サンスクリット語の「アーリヤ」の対応語がみられ、先の辞（事）典類にもあったように、インドだけでなく、イランに定住した人々も「アーリヤ」と自称したことを考えると、いずれもまちがいではない。

つまり、言語学的な相違は対立するものではなく、インド・アーリヤ諸語に限定するか、インド・イラン語派にまで広げるか、それだけの問題なのである。ただし、つぎに述べるように、印欧祖語までさかのぼることはないし、今日の言語学においては、「アーリヤ」が各種辞（事）典にみられる「インド・ヨーロッパ語族」を意味することはない。

　一方、言語学の立場をはなれると、そう簡単ではない。インド学の碩学、ライデン大学のF・B・J・カイペル（一九〇七―二〇〇三年）は「社会学的な用語として、アーリヤとは儀礼や祭礼に参加するすべての人をさす」と述べている（Kuiper 1991）。また、サンスクリット語学のM・M・デーシュパーンデー（一九四六年生）（ミシガン大学）は言語学的な「アーリヤ人」だけではなく、文化的な「アーリヤ人」や生物学的な「アーリヤ人」までもふくめて定義している（Deshpande 1995）。さらに、先にあげた『世界歴史事典』の記述も言語学的立場とはずいぶんことなっている。

　また、こうした学者たちの意見だけではなく、ヒンドゥー教の宗教指導者にとって、「アーリヤ人」はまたことなる意味をもつ。津田元一郎（一九二五年生）によると、「ヴェーダに帰れ」の標語で知られ、十九世紀にヒンドゥー教改革団体「アーリヤ・サマージ」を設立したダヤーナンダ・サラスヴァティー（一八二四―八三年）は、「アーリヤ人」を「神の掟に従い、高貴な行いをする人々」（津田 一九九〇、三三頁）と解釈している。

　つまり、「アーリヤ人」とはだれのことをさすのかという問いに対しては、その答えは自明でもなければ、一つでもない。ここに、大きな問題点がある。

　ところで、「アーリヤ人」を印欧諸語の話し手として、ある特定の人種、民族、文化をもつ集団とみる見解についていえば、ナチスのユダヤ人大量虐殺の反省をこめて、現在では、それが印欧語族全体をさす場合には、ほとんどそうした見解はみられない。このことは、英語の辞典で「アーリヤ」をひくと、「印欧語族」や「アーリヤ民族」という意味は古語あつかいになっていることからもあきらかだ。とくに、悪名高い「アーリヤ人種」という意味は「ナチズムで」といった注釈がついている。

ヨーロッパでは人種的意味に慎重なのに対し、日本では比較的「アーリヤ人の顔立ち」というったかたちで、ほんらい言語をさすはずの「アーリヤ」という用語が人種をもさしている。とくに、一般向けの旅行案内書や旅行記、美術書などではよくみられる。たとえば、紅山雪夫（一九二七―二〇二〇年）の『不思議の国インド』（トラベルジャーナル、一九九五年）には、「アーリア系の特徴」として「長身で、鼻が高く、目のくぼが深く、いわゆる彫りの深い、鋭い顔立ち」（一九頁）と指摘し、多少古くはなるが、講談社版世界美術大系『インド美術』（一九六二年）には「この女神たちの顔は鼻すじが通っていて、アーリアン系であることを思わせる」（四四頁）として、カジュラーホの女神像を紹介している。恐らくヨーロッパでは、こうした表現は「アーリヤ人種説」を彷彿とさせるので、適切ではないというクレームがつくのではないか。しかし、こと「アーリヤ人」問題についていえば、ユダヤ人大虐殺を教訓としていかしていない日本では、ごく一般的にみられる。ここに、「アーリヤ人」問題の根深さがある。

マックス・ミュラーの「アーリヤ人概念」

ヨーロッパにおいて、ナチスによるユダヤ人大量虐殺がおこなわれる以前では、「アーリ

マックス・ミュラー（1823-1900年）

ヤ人」を印欧語族、あるいはもっと特定された印欧祖語の話し手とみる見解がごく一般的であった。その印欧語族の話し手としての「アーリヤ人」という概念を宣伝したのは、ドイツ出身で、のちにオックスフォード大学教授となるマックス・ミュラーである。「アーリヤ人＝ヨーロッパ起源説」を展開したことでも知られるアイザック・テイラー（一八二九—一九〇一年）の著作『アーリヤ人の起源』（一八九〇年）をはじめ、マックス・ミュラーが「アーリヤ人」という用語を発案したとみる見解がかなり流布している。しかし、それは誤謬だ。「アーリヤ」という名称は、第II章であげたアンクティル＝デュペロンやフリードリヒ・シュレーゲルがすでに使用していた。ただし、それはアヴェスターの言語をさしていた。

また、「アーリヤ」をインド・ヨーロッパ語族の名称として使用した人たちが、マックス・ミュラー以前にもいる。ヴィルヘルム・シュレーゲルの弟子で、かれの後継者としてボン大学教授となったクリスチャン・ラッセン（一八〇〇—七六年）は、すでに一八三〇年に印欧語族の意味で「アーリヤ」を使用している。また、先にみたピクテも『印欧語族の起源あるいは原アーリヤ人、言語学的古生物学研究の試み』を発表する以前の一八三七年に、すでに「アーリヤ」を使用している。

しかし、なぜマックス・ミュラーの名とともに、「アーリヤ」は記憶されることとなったのか。それは、マックス・ミュラー自身が、「私はアーリアという用語をインド－ヨーロッパという意味で用いた主な責任者」（ポリアコフ　一九八五、二六四頁。強調は原文による）であると認めているからである。そしてその責任を認める根拠となるのが、つぎのような発言だ。それは、一八六一年の王立協会での講義にもとづく『言語科学』（Müller 1891）のなかにみられる。この『言語科学』とその元版である『言語科学講義』は十九世紀後半には一般に流布した本だったことから、「アーリヤ」といえばマックス・ミュラーを連想することになったのである。

アーリヤをインドやペルシアの言語に限定する必要はない。それらの言語はインド諸語とイラン諸語として、あるいはペルシア・アーリヤとインド・アーリヤとして、区別できるので、アーリヤという名称をアーリヤ語族全体のもっとも短く、もっとも便利な称号としてもちいる。比較言語学がアーリヤの古代の名をインドからヨーロッパにかけて跡づけできたことから、また、共通の故地を出発する以前、もとの名称はアーリヤという名だと仮定したことから、まえにはインド・ゲルマンとか、インド・ヨーロッパとか、コーカサスとか、ヤペテとか名づけられていた語族の専門用語として、アーリヤが

えらばれるのは当然である。(Müller 1891, p. 302)

まず、ここに登場する用語を説明しておこう。語族の名前として、「インド・ゲルマン」という名称は一八二三年、「日本語とウラル・アルタイ語を関係づけた最初の人といわれる」(風間 一九七八、四五頁)、ユリウス・ハインリヒ・クラプロート(一七八三—一八三五年)によって提唱され、ドイツ語圏では現在でも使用されている。「インド・ヨーロッパ」は、ロゼッタストーンの解読をこころみたトーマス・ヤング(一七七三—一八二九年)が一八一三年に使用し、のちに広まったと一般的には考えられている。「コーカサス」はドイツの人類学者ヨハン・フリードリヒ・ブルーメンバハ(一七五二—一八四〇年)が印欧語族の故郷をコーカサス地方に想定したことに由来し、「ヤペテ」は聖書に由来する。第Ⅱ章でみたラスムス・ラスクはこの「ヤペテ」を使用している。これ以外にも、同じく第Ⅱ章でみたヴィルヘルム・フォン・フンボルトは、「サンスクリット」という名称を印欧語族の意味に使用しているが、マックス・ミュラーはその名称には言及していない。

こうした数ある名称のなかで、「アーリヤ」が広く一般的に使われることになったのは、このマックス・ミュラーのおかげである。マックス・ミュラーは「アーリヤ」という名称が言語に限るものであるとしながら、一方で「アーリヤ民族」や「アーリヤ人種」という用法を濫用したために、「アーリヤ」という名称が人種や民族をさすことになる。ポリアコフによると、「イギリスの兵士と赤銅色のベンガル人の血管の中には同じ血が流れている」とマックス・ミュラーは、オックスフォード大学の教壇から叫んだというが（ポリアコフ　一九八五、二七九頁）、ここに出てくる「同じ血」からは「人種論」が生まれてもふしぎではない。そこにこそ、「アーリヤ人」問題の源泉がある。後年、マックス・ミュラーはこう反省の弁を述べている。

私は比較言語学と民族学という、これらふたつの科学の罪深い同盟関係に対して、できるかぎりつよく抗議してきた。しかし、私の警告はほとんど効果がなかった。このような悪魔の交信による影響は、私じしん、しばしば民族学的な意味で言語学の用語を使用したことの罪をみとめざるをえない。（Müller 1888, p. 245）

この「アーリヤ」という用語が民族学と結合したもの、つまり「アーリヤ人種」論は、これまでにもなんどか言及してきたように、二十世紀に入り、ナチスのユダヤ人排斥の理論的支柱となる。というのも、ユダヤ人の言語、ヘブライ語は印欧語族に属さず、「セム・ハム語族」（この用語もナチスのユダヤ人虐殺を連想させるために、現在では「アフロ・アジア語族」と呼ばれている）に属する。つまり、この語族の相違から人種の相違をみちびくことになったからである。結果的にいえば、大量虐殺を生むことになる「アーリヤ人種」論のお先棒をかつぐことになってしまったマックス・ミュラーとは、どんな人だったのか。

ナポレオンの側近だったヴォルネー伯爵を記念して設立された、言語学研究のノーベル賞とまでいわれる「ヴォルネー賞」と呼ばれる賞がある。その賞に関する研究叢書のなかに、叢書の編者でもあるジョーン・レオポルドによる「マックス・ミュラーと文明の言語研究」(Leopold 1999) がある。マックス・ミュラーを辛辣にみるこの論文を中心に、一方で、その題名からして、マックス・ミュラーの偉大なる業績をたたえる、ニラド・チャンドラ・チョウドリー（一八九七―一九九九年）『尋常ならざる学者フリードリヒ・マックス・ミュラーの生涯』(Chaudhuri 1974) にも依拠しながら、かれの生涯からみていこう。

マックス・ミュラーの生涯

マックス・ミュラーは、一八二三年十二月六日に、ドイツのデッサウで生まれた。父ヴィルヘルム・ミュラー（一七九四―一八二七年）はドイツ・リートの名曲、シューベルトの『冬の旅』の作詞者として有名だったが、マックス・ミュラーが四歳のときに亡くなる。地元デッサウで初等教育を終えたあと、ライプツィヒ大学に入学し、古典文献学と哲学を学ぶ。一八四四年、哲学者シェリングの講義を受けたいと考え、かれのいるベルリン大学に移っている。ベルリン大学では、印欧比較言語学を確立した一人、ボップ（既述）から比較言語学とサンスクリット語を習うが、言語としてのサンスクリット語よりも、サンスクリット語の哲学文献に関心をしめす。また、すでに五十代半ばだったボップの講義にはあまり興味をもてなかったという。

一八四五年には、パリに行き、コレージュ・ド・フランスでビュルヌフからサンスクリット語とパーリ語を習う。そのビュルヌフとの出会いが、のちに『リグ・ヴェーダ』を翻訳することを決意させたと、『自伝』（一九〇一年）で述懐している。パリでも展望が開けないいま、一八四六年にはイギリスにわたり、東インド会社の図書館でサンスクリット語文献を調査するかたわら、なんとか『リグ・ヴェーダ』の翻訳に資金援助をしてくれる機関がないか、奔走する。そのとき、強力に推薦してくれたのが、第Ⅰ章でみたカルカッタ帰りのウィルソンと、ロンドン駐留のプロシアの外交官クリスチャン・フォン・ブンゼン男爵（一七九一―一八六〇年）である。その推薦のおかげで、首尾よく東インド会社から資金援助をえることに成功する。『リグ・ヴェーダ』の印刷発行はオックスフォード大学出版会がおこなうことになったので、一八四八年十月にはオックスフォードへ移り、一八四九年七月に、『リグ・ヴェーダ』第一巻が刊行された。

マックス・ミュラーの『リグ・ヴェーダ』翻訳につづく目標は、ヴォルネー賞獲得だった。ヴォルネー賞とは、フランスのヴォルネー伯爵の業績をたたえ設立された賞で、一八二二年から現在まで（一九八一年以降は五年に一度）つづいている。ヴォルネー賞の対象は言語学研究で、二十世紀に入ってからの受賞者としては、ジョゼフ・ヴァンドリエス（一八七五―一九六〇年）、エミール・バンヴェニスト（一九〇二―七六年）、アンドレ・マルティネ（一九〇八―九九年）など、その著作が邦訳で日本にも紹介されているような、有名な言語学者が多い。また、インド学のルイ・ルヌー（一八九六―一九六六年）や神話学のジョルジュ・デュメジル（一八九八―一九八六年）など、言語学プロパー以外の学者も受賞している。

そのヴォルネー賞に、マックス・ミュラーが応募しようとしたのは、パリでの恩師で一八三一年にこの賞を受賞したビュルヌフの影響が大きい。ビュルヌフは一八三三年から、ヴォルネー賞の審査員もつとめていた。さいしょ、一八四八年の賞に応募しようとしたが、二月革命がおこり断念。また、そのとき応募しようとした論文は三十二頁と短く、ビュルヌフは書き直しを命じ、それも一年おくれた原因となった。そして、一八四九年の応募論文として完成させたのが、「人間の初期文明に関わるインド・ヨーロッパ諸語の比較言語学」と題する論文である。論文を提出したあとも、ビュルヌフの指示にしたがい、ドイツ人の審査員に秘密の手紙を出すなど、賞を手に入れる努力をした結果、ヴォルネー賞の一等賞と賞金千二百フランを獲得する。

その論文は、ヴォルネー賞研究叢書ではじめて刊行されるまで、一般には目にすることができなかった。この論文においては、あきらかに言語と民族の混同がみられ、「アリアン民族」(この当時はアーリヤとは呼んでいなかった)という表現が散見される。また、レオポルドは、「かれの表現方法はヴォルネー賞の審査員に印象づけるために、イメージに富んだ、よりドラマチックなものになった」(Leopold 1999, p. 24)と指摘している。こうした表現が、一方では一般大衆に歓迎され、他方では学問的に厳密性を欠くこととなる。そして、それが結果的に「アーリヤ人種説」を生んだのである。

ヴォルネー賞獲得ではずみをつけたマックス・ミュラーは、一八五〇年にはオックスフォード大学の現代ヨーロッパ語のテイラーリアン副教授職に就き、一八五四年には正教授となり、翌年には英国籍を取得する。すべては順風満帆だった。ところが、一八六〇年オックスフォード大学のサンスクリット語担当のボーデン教授職に立候補するが、期待はうらぎられ敗退することになる。その年の五月にウィルソンが死去したのにともない、十二月に三七八六人の評議員による投票で後任が決定することがアナウンスされると、マックス・ミュラーは教授職に立候補する。対抗馬はのちに『サンスクリット語辞典』（一八七二年）を編纂するモニエル・モニエル＝ウィリアムズ（一八一九—九九年）である。かたやヴォルネー賞を獲得し『リグ・ヴェーダ』の完訳をめざすマックス・ミュラーに対し、かたや無名に近く、一八五七年のいわゆる「セポイの反乱」（近年では「インド大反乱」と呼ばれている）後に、東インド会社廃止にともなって廃校となった東インド会社経営のヘイリーベリー大学のモニエル＝ウィリアムズ。勝負は歴然としているかにみえたが、十二月の投票では、マックス・ミュラー六一〇票に対し、モニエル＝ウィリアムズ八三三票で、予想以上の大差で敗退する。

敗退の原因はいくつかある。まず、前任者ウィルソンとの不仲があげられる。『リグ・ヴェーダ』を翻訳出版するのに協力を惜しまなかったウィルソンだったが、第一巻が出たころから、二人の仲は急速に冷えていった。マックス・ミュラーが収入の多い東インド会社の登用試験の試験官に、ウィルソンを解任して就任したことや、『リグ・ヴェーダ』第一巻への三百頁にのぼる序説に、ウィルソンが難色をしめし、ついにはその序説が出版されなかったことなどが原因だといわれている。

教授職選挙中には、ウィルソンが死ぬ三週間前に書いた、ボーデン教授職後任人事についてのモニエル＝ウィリアムズへの推薦文が公開されたが、これはマックス・ミュラー陣営にとっては大きな痛手だった。また、よくいわれるように、ドイツ出身であることもマイナスにはたらいた。当時、マックス・ミュラーの友人が編集長をつとめていた『タイムズ』紙に、マックス・ミュラーの英語は完璧だといった記事を書かせたが、これも逆効果だった。また、この選挙とは直接関連しないが、『タイムズ』紙には、マックス・ミュラーが書いた本を本人自身が匿名で賞賛する書評を書くなど、やりすぎがたたったことはまちがいない。選挙戦の最後には、「サンスクリット語の写本も読めない人を選ぶのか、偉大なるサンスクリット語学者であり、言語学者であり、そして教師である人を選ぶのか」(Chaudhuri 1974, p. 228) といったキャンペーンまでおこなったが、成功しなかった。

この敗退で、マックス・ミュラーは戦術変更をよぎなくされる。そしてこんどは「言語科学」の唱道者となる。一八六一年と六三年に王立協会でおこなった講義は、それぞれ一八六一年と六四年に『言語科学講義』として出版される。最初の『講義』はヨーロッパ各地で絶賛され、一八六三年には独語訳が、一八六四年には仏語訳とイタリア語訳が、一八六七年にはポーランド語訳、一八七四年にはハンガリー語訳が、それぞれ出版されるほど、人気を博すことになる。こうして、サンスクリット語学者から比較言語学者として名声をえると、サンスクリット語に時間をさくことが困難となってくる。一八六三年三月二十八日付けの友人への手紙にはこう書かれている。

私はいまや、サンスクリット語に費やす時間がほとんどない。他人の出版物についても、そのすべてを読むことができない。『リグ・ヴェーダ』の私の版を完成させるために、余暇の時間はそれに費やさねばならない。私の時間の大部分はサンスクリット語よりも収入のよい、ほかの仕事にとられるにちがいない。たとえそうであったとしても、そして、私は私自身で計画をたてた仕事を遂行することや、すべてのエネルギーをサンスクリット語にささげることが妨害されていることに、後悔の念をもっているにもかかわらず、別の観点においては、私たちが住むこの世界にとって、もっと有効に自分を活用することや、ほかの研究分野をめざすことを、強制させられるほうがよりよいのではないかとさえ、思いはじめているのである。(Leopold 1999, p. 58)

マックス・ミュラーは四歳で父を亡くしたせいか、お金には苦労したようである。その反動からか、収入のいい職をもとめつづけてきた。収入をえるために、ヴォルネー賞獲得をめざし、ボーデン教授職をめざしたが、そうした態度が裏目に出ることもしばしばあった。「ほかの研究分野をめざすことを」前向きに考えはじめていたようだが、ボーデン教授職選挙に敗退後は、サンスクリット語を継続すべきか、「言語科学」で身を立てるべきか、ほかの研究分野をめざすべきか、なやんだようだ。ゆれる思いが、この引用から読み取れる。

この手紙から五年後の一八六八年、ついにマックス・ミュラーはオックスフォード大学にかれのために新設されたといわれる、比較言語学（比較文献学）講座の主任教授に就任する。ここで、比較言語学とカッコつきの比較文献学を同時にしめしたが、これにはわけがある。

この講座名は、英語ではコンパラティヴ・フィロロジー（Comparative Philology）と呼ばれる。しかし、この当時、フィロロジーには両義的な意味があり、「文献学」も「言語学」もさしていた。フィロロジーは今では古典文献学と呼ばれている。一方、現在使用されているリンギスティックス（Linguistics）は、当時の英語圏において、学問分野の「言語学」の意味ではあまり用いられていなかった。

この「文献学」と「言語学」の区別が意識されるのは、前述したシュライヒャーが最初で、それ以前は議論されてこなかった。シュライヒャーは前者が歴史分野に属するのに対し、後者（ただし、シュライヒャーは独語で一般的に言語学をさすシュプラーハヴィッセンシャフト（Sprachwissenschaft）ではなくグロティク（Glottik）と名づけている）を自然科学とみなしている。その後も、この印欧比較言語学の成果をあつかう学問をめぐって、おもにドイツにおいて、言語学（シュプラーハヴィッセンシャフト）と呼ぶか、文献学（フィロロギー）と呼ぶか、はたまた、この二つの学問分野をわけるべきである、といった論議をよぶことになる。

このコンパラティヴ・フィロロジーがオックスフォード大学に新設されたときは、少なくともイギリスにおいて、両方の意味をあわせもつ時期だった。つまり、フィロロジーは決して言語学だけに限定する必要はなく、文献学の名のもとで、宗教や哲学の文献研究に乗り出すことはまったく問題がなかった。そこで、マックス・ミュラーは比較文献学のポストにありながら、比較宗教学や比較神話学に、研究の対象を広げていったのである。

マックス・ミュラーは、たんなるサンスクリット語研究者や比較言語学者でおわる気はなかった。というのも、どちらもお金にはあまりならないし、有名にもならないからである。自然と、より名声やお金をえられる哲学や宗教にかれの関心は移っていった。そうした興味の変化が比較言語学（比較文献学）のポストの居心地を悪くさせたのか、あれだけ固執してみせたオックスフォード大学のポストも一八七五年には辞任する。表向きの理由はサンスクリット語研究に専念するためだったが、もう一つの理由としてはモニエル＝ウィリアムズに博士号がおくられることに激怒したためだともいわれる。

その理由はともかく、比較言語学のポストにすわっていたのはわずか七年ほどだった。退職と同時に、『東方聖典叢書（Sacred Books of the East）』（Oxford University Press, 1879-1910）の編者に就任。サンスクリット語文献や中国語文献からヒンドゥー教聖典、仏教教典の翻訳を出版するシリーズで、かれの宗教的神話的関心にはうってつけであった。退職後には、サンスクリット語研究に専念するとの表向きの理由とはうらはらに、哲学者カントの『純粋理性批判』（一八八一年）を英訳している。また『思想の科学』（一八八七年）、『自然宗教』（一八八九年）、『神話科学への貢献』（一八九七年）などを次々に発表していく。

マックス・ミュラーは、なんどか首相をつとめたウィリアム・グラッドストン（一八〇九―九八年）とは親友だったし、ヴィクトリア女王（一八一九―一九〇一年）とも、その夫アルバート公（一八一九―六一年）とも親交があり、ヴィクトリア女王へのご進講もおこなった。十九世紀初期までは、フンボルトのような文人政治家も多かったが、政治家との交友がハデだったにもかかわらず、マックス・ミュラーは決して政治家にはならなかった。ただし、ヴォルネー賞やボーデン教授職を獲得する努力をみる限りでは、政治的な学者だったといえるかもしれない。このマックス・ミュラーをもって、文人政治家の時代から学界政治家の時代へと移った。そう私にはみえるが、それはいいすぎだろうか。オックスフォード大学の教授職辞任後も、オックスフォードの地にとどまることを大学から要請されたマックス・ミュラーは、一九〇〇年十月二十八日に、一度もインドを訪問することなくオックスフォードで死去する。

『リグ・ヴェーダ』の解釈

マックス・ミュラーが印欧語族を「アーリヤ」と読みかえただけならば、のちに「アーリヤ人侵入説」確立の張本人として、名指しで批判されることはなかったかもしれない。ところが、比較言語学の成果から、あるいは『リグ・ヴェーダ』を読むことで、「アーリヤ人の侵入」の時期を紀元前一五〇〇年とみなしたのも、「アーリヤ人種説」を包含するような「ダーサ」に関する通説を樹立したのも、ほかならぬマックス・ミュラーである。まず、その「アーリヤ人」の移住の時期についてみておこう。

ほとんどの日本の教科書には、「紀元前十五世紀頃、アーリヤ人の侵入」と書かれている。「侵入」が「進入」や「到来」と表現がかわることがあっても、年代はかわらない。その紀元前十五世紀という年代は、マックス・ミュラーが一八四九年に執筆したヴォルネー賞獲得論文に、すでにみられる。一九九九年になってはじめて刊行された、ヴォルネー賞獲得論文「人間の初期文明に関わるインド・ヨーロッパ諸語の比較言語学」のなかで、マックス・ミュラーはこう述べている。

われわれが比較の詳細にたちいる前に、アリアン民族が分裂していなかった時代を年代的に特定できるかどうかにこたえなければならない。だれもその時代のはじまりを決定しようとはこころみていない。はじまりは言語のはじまりであって、人間のはじまりではない。しかし、言語史のこの時代はインド・ヨーロッパ世界の民族史によって区別されうる。そして、そのことによって、年代的な最前線を少なくともみつける必要がある。私はインダス川とヒマーラヤ山脈を越えていった初期の植民によって、インド・アリアンの南アリアン分派とメドゥ・アリアン〔ヨーロッパのアーリヤ人〕が分岐したとみなすが、インドにおけるサンスクリット語話者の登場に該当する最古の時代は、一番はじめのアリアンの分裂にとって、最新の時代と想定できよう。インド人自身の年代決定の伝統については、ここでの問題外であるが、そのまま残しておき、私は比較言語学によっても、可能なかぎり、私の年代的な結論をみちびくようこころみる。(Müller 1849 (1999), pp. 115-116)

共通の「アリアン民族」(のちにはアーリヤ民族と呼ぶ)が分裂し、インダス川やヒマーラヤ山脈を越えて植民したことを述べているが、ここにはまさしく「アーリヤ人の侵入説」の原形がみられる。このあと、マックス・ミュラーは「サンスクリット部族がインドに移住」という表現を使って、はっきりと「アーリヤ人の移住」を想定している。そして、年代についていえば、サンスクリット語文献のなかにみられる暦の分析から、ヴェーダ文献の最古の時代を、紀元前十二世紀とみなしたあと、「われわれはアリアンとインドの歴史の間の本当の最前線を紀元前十五世紀とみなすだろう」(Müller 1849 (1999), p. 116) と結論づけている。これをもって、紀元前十五世紀に、「アリアン民族」、つまり印欧祖語を話す人々が分裂して、インダス川やヒマーラヤ山脈を越えて、インドに移住してきたという「お話(イストワール)=歴史」が完成することになる。ここには「侵入」という用語はないが、これが現在の教科書や概説書で紹介されている「紀元前十五世紀ごろ、アーリヤ人の侵入」が「歴史」として認定された最初なのである。

つぎに、「アーリヤ人種説」を全面に出した通説をみる。それはダーサと呼ばれる「先住民」に関するもので、中央公論社の『世界の歴史』第三巻として出版された、山崎元一『古代インドの文明と社会』(山崎 一九九七)にもこう記述されている。

アーリヤ人は先住民ダーサを「黒い肌の者」と呼んでいる。そうした肌の色の違いが支配者・被支配者の区別を示したことは、「色」を意味するヴァルナという語が身分・階級の意味をもつことからも知られる。さらにアーリヤ人は先住民を「牡牛の唇を持つ者」「鼻のない（低い）者」とも呼び人種の違いを強調し、また意味不明の敵意ある言葉をしゃべる者と非難して、文化の違いを強調した。

このような先住民の主体は、ドラヴィダ系の民族であったらしい。（山崎　一九九七、五一頁）

最後の「ドラヴィダ系の民族であったらしい」という一節は省かれることがある。実際、比較言語学的にはダーサの対応語がヴェーダの言語以外の印欧語にもみいだされることから、この「ダーサ=ドラヴィダ系民族説」は今日では否定され、風間喜代三の『印欧語の故郷を探る』によると、「スキタイ民族ではなかったかと推定される」（風間　一九九三、一六三頁）とある。この「ドラヴィダ系の民族であったらしい」という点はともかくとして、それ以外の部分は、インドについての本にはかならず登場する「先住民」の記載である。ここに出てくる「黒い肌の者」「牡牛の唇を持つ者」「鼻のない（低い）者」はいずれもマックス・ミュラーの『リグ・ヴェーダ』解釈にもとづく。そして、この「先住民」に対する「アーリヤ人」は、「白い肌をして、美しい鼻をもっている」ことを前提とするのはあきらかである。

マックス・ミュラーは「私にとっては、アーリヤ人種、アーリヤの血、アーリヤの目とか髪とかについて語る民族学者は、長頭人の辞書や短頭人の文法について語る言語学者と同じぐらい罪ぶかい」(Müller 1888, p. 120)と「アーリヤ人種説」への関与をやっきになって否定しているが、これはヨーロッパにおける「アーリヤ人種説」に対する見解であって、この『リグ・ヴェーダ』の解釈を変更したわけではない。この解釈はどうみても人種差別主義に彩られているとしかいえないのだが、この解釈への言及や変更は生涯一度もおこなっていない。

インドの概説書やインド古代史の専門書にみられるような、現在では定説となっている「黒い肌の」「牡牛の唇を持つ」「鼻のない(低い)」先住民という記述は、はたして正しいのだろうか。つまり、『リグ・ヴェーダ』のテキストの解釈として、こうした解釈しかありえないのだろうか。答えはノーである。こうした解釈には、マックス・ミュラーが『リグ・ヴェーダ』を出版したころから、すでに疑問が提示されてきた。とくに、「鼻のない(低い)」をめぐっては、マックス・ミュラーによる『リグ・ヴェーダ』の序説を出版することに反対したウィルソンが疑問を呈している。

二十世紀の終わりに、こうした『リグ・ヴェーダ』におけるマックス・ミュラーの解釈を整理した人がいる。それはイリノイ大学の比較言語学者であり、サンスクリット語をはじめとするインド諸言語を専門とするハンス・ホック(一九三八年生)だ。アーリヤ問題をあつかった論集『南アジアのアーリヤ人と非アーリヤ人』(Bronkhorst and Deshpande (eds) 1999) のなかで、「曇りガラスをとおして——ヴェーダ社会におけるアーリヤとダーサ／ダスユに関する近代の「人種」解釈とそれに対するテキストからの証拠、あるいは一般的な先史時代の証拠」と題して、ホックはこれまでの『リグ・ヴェーダ』の記述とその解釈の紹介をこころみている (Hock 1999b)。それをみながら、マックス・ミュラーの解釈の問題点をさぐることにしよう。

まず、「黒い肌」からみていこう。ホックは『リグ・ヴェーダ』のテキストから「黒い」を意味する単語を抜き出し、その意味を慎重に検討している。その結果、この単語の意味ははっきりとした「黒」をしめすのではなく、民衆の感覚にもとづく、たんなる相対的な表現にすぎないこと、そして、それが肌の色や民族のちがいをしめしたものでは決してないこと、の二点を指摘している。つまり、この「黒い肌の」という訳は決定的でもなければ、サンスクリット学者のなかに、コンセンサスがあるわけでもない。むしろ人種の相違として訳すことを、あらかじめ想定したものではないのか。そんな疑念がわいてくる。

つぎに、「牡牛の唇を持つ」や「鼻のない」について、みていこう。まず、ホックはこの二つの単語が『リグ・ヴェーダ』において、どちらもたった一ヵ所にしかみられないことを指摘する。そして、単語の解釈についても、前者は「牡牛の」と「唇」にわけられる複合語で、「唇」と訳されている単語は「唇」だけでなく、「あご」や「ほほ」、さらに「頭飾り」をも意味する。そうすると、「牡牛の唇」ではなく、「牡牛のようなあご」や「牡牛のようなほほ」、さらには「牡牛のような頭飾り」の可能性もある。最後の訳ならば、人種の差異を想定する余地はまったくない。

後者の「鼻のない」という単語は「否定接辞」＋「鼻」と分析できる。しかし、単語を意味のある要素（言語学ではこれを形態素と呼ぶ）にわけるときに、わけかたをかえると、「否定接辞」＋「口」とも分析可能なのである。そう分析すると、「口がない」、つまり「ことばがうまくしゃべれない」を意味することになる。この「ことばがうまくしゃべれない」という解釈は、先に述べたようにウィルソンも、『リグ・ヴェーダ』のドイツ語訳をおこなった東洋学者カール・フリードリヒ・ゲルトナー（一八五二―一九二九年）も、モニエル＝ウィリアムズの後継者としてオックスフォード大学のボーデン教授職を継いだアーサー・アンソニー・マクドネル（一八五四―一九三〇年）らが編集した『ヴェーダ索引』（一九一二年）も支持している。

これら「牡牛の唇を持つ」と「鼻のない（低い）」をしめす単語は、『リグ・ヴェーダ』に一度しかあらわれず、しかもその解釈にも問題がありながらも、今日のインド古代史の概説書に登場している。その現実をしっかりとみつめる必要がある。このホックの指摘を重大なものととらえ、インド古代史の見直しをしなければならない。そんな気がするのは私だけではあるまい。

残念ながら、私には『リグ・ヴェーダ』を原文で読む力はない。したがって、マックス・ミュラーやホックのヴェーダ解釈の妥当性を検証することはできない。しかし、ホックの解釈を受け入れず、マックス・ミュラーの訳を支持する人々も、少なくとも、こうした通説が決して唯一の定訳ではないことだけはおわかりいただけるのではないだろうか。『リグ・ヴェーダ』に登場する「ダーサ」や「ダスユ」を解釈する際に、あらかじめ、人種や民族のちがいとして理解しようという意図があったため、こうした訳が通説として広まってしまった。そうした可能性を否定できない。いや、可能性を否定できないといった穏当な表現ではすまされない。いつもあげられる「黒い肌の」「牡牛の唇を持つ」「鼻のない（低い）」のフレーズが、いずれにも疑問点がある以上、最初から人種や民族のちがいを想定し、それを強調するための解釈とみるほうが自然なのではなかろうか。人種差別主義の源泉ともいえる通説を、もう少し真剣に検討する時期にきたことだけはまちがいなかろう。

以上、第Ⅲ章二節では、マックス・ミュラーについてみてきた。また、第Ⅱ章、第Ⅲ章で、「アーリヤ人」問題を中心において、十九世紀のヨーロッパでの学問動向をみてきた。十九世紀のヨーロッパで確立した学説が今日まで問題点を検証することなく、数多くの欠点が指摘されながらも継承されてきたことには驚嘆するほかない。

このマックス・ミュラーをもって、ヨーロッパからはなれ、こんどは二十世紀のインドに舞台を移すことにしよう。インドでは、十九世紀に確立した西洋中心主義的な学説への疑問がなげかけられることになるのである。

第Ⅳ章　反「アーリヤ人侵入説」の台頭

――二十世紀のインド――

一　インダス文明の発見と南アジア考古学の発達

インダス文明の発見

十九世紀のヨーロッパにおけるインド学は、サンスクリット語文献を読むことに重点をおいてきた。印欧比較言語学の成果に立脚して、ヴェーダ文献を読むことで、紀元前一五〇〇年頃に、「アーリヤ人」がインドへ「侵入」したと推定したことは、第Ⅲ章でみたばかりである。ところが、二十世紀に入ると、インド古代史を書き換える、重要な遺跡が発見される。ハラッパーとモヘンジョ・ダロ（南アジア考古学を専門とする人々は「モエンジョ・ダーロ」と表記するが、本書では一般的に知られた名を採用する）の遺跡だ。

まず、一九二〇年に、D・R・サハニ（一八七九―一九三九年）がハラッパーを、そして一九二一年にはR・D・バネルジー（一八八五―一九三〇年）がモヘンジョ・ダロを、それぞれ調査発見する。二人とも、考古調査局の一員であったインド人考古学者だが、その考古調査局の第三代局長だったジョン・マーシャル（一八七六―一九五八年）の指揮のもと、一九二四年から大規模な発掘調査がモヘンジョ・ダロで実施される。また、M・S・ヴァッツ（一八九六―一九五五年）によって、ハラッパー遺跡の発掘調査がおこなわれる。その結果、この六百キロ以上離れた両遺跡には共通した都市文明が華開いていたことがあきらかになる。その都市文明こそが、世にいう「インダス文明」である。

実は、ハラッパーはインド考古調査局の初代局長となるアレクサンダー・カニンガム（一八一四―九三年）によって、一八五三年と五六年に小規模な発掘がおこなわれている。そのときに、のちに「インダス式印章」と呼ばれる印章などが出土している。しかし、その頃はインド独自のインダス文明の出土品とみなされず、それら出土品は外部からインドにもたらされたものと考えられた。出土品がみつかったのにもかかわらず、十九世紀半ばには、インダス文明の発見にいたらなかったのである。

ところが、十九世紀末から二十世紀にかけて、メソポタミアに、シュメール文明の都市国家ウルなどが発掘される。その結果、ヨーロッパにおいて、こうした時代のアジアの都市文明を受け入れる素地ができあがり、ハラッパーやモヘンジョ・ダロの遺跡は南アジアの固有の文明と認知されることになる。インダス文明の発見によって、インド古代史はこれまでサンスクリット語文献で推定されていた年代をはるかにさかのぼることが確定する。今日の年代推定によれば、インダス文明は紀元前二六〇〇年から一九〇〇年頃（一八〇〇年とする説も）までつづくのである。

インダス文明が人々を何よりも驚嘆させたのは、その城塞ときれいに区画整理が整った都市である。ハラッパーやモヘンジョ・ダロの都市の規模は周囲一キロを超え、これらの都市では城塞部と市街地にわけられ、碁盤の目状にはりめぐらされた道路、排水溝などが整備されていた。モヘンジョ・ダロの城塞部には、焼レンガを敷きつめた大沐浴場や、それに隣接する四十六メートル×二十三メートルもあるレンガ造りの穀物倉がならぶ。メソポタミアでは、焼レンガは神殿などに限定して使用されているが、インダスでは多くの建物が焼レンガでつくられ、しかもその焼レンガはサイズに規格があるなど、発掘が進むにつれ、エジプト文明やメソポタミア文明に劣らぬ高度な文明のすがたがあきらかになった。そして他の文明とのいちじるしいちがいは、エジプトのピラミッドや中国殷王朝の墓など強大な権力者をしめす証拠が、インダス都市遺跡の内部にはないことであった。また、後述するように、同一の都市計画や焼レンガなどをもつ、あきらかに同一の文明による都市遺跡がいくつもみつかり広範囲に分布することから、インダス文明は文明圏にいくつかの勢力があったことが推測されている。

インダス文明のもう一つの重要な出土品は、独自の印章と印章や護符にきざまれた文字である。印章は「インダス式印章」と呼ばれ、独自の文字は「インダス文字」と称されている。インダス式印章は四角スタンプ形のもので、ペルシア湾岸地域の円形スタンプであるペルシア湾式印章やメソポタミアで使用された、粘土にころがして押印する円筒印章とはあきらかにことなり、独自の文明であったことをしめす証拠にもなっている。

その印章には一角獣やこぶ牛などの動物たちがきざまれていて、動物図柄の上にインダス文字が刻印されていることが多い。インダス文字はこれまでに、およそ四百文字が確認されているが、まだ未解読である。インダス文字を長年研究してきたヘルシンキ大学のアスコ・パルポラ（一九四一年生）は、南インドで話されているドラヴィダ語族に属する言語を表記したものとみなしているが、完全に解読できたわけではない。

インダス文字の解読がむずかしいのは、文字が一対一で対応する音をあらわすような、表音文字ではないこと、そして文字の配列が多くても十字程度で短いことにある。ペルシア湾岸のバーレーンでも、インダス文字がみつかったことから、インダス文字に、すでに解読されているメソポタミアで用いられた楔形（くさびがた）文字の読みがついたものがみつかれば、この文字の解読が進むのだが、現段階では解読はむずかしい。

後述するように、このインダス文字の解読はアーリヤ人侵入説にも影響をあたえる大問題で、印欧語族がインドから広がったとみる「印欧語族＝インド起源説」では、インダス文字は当然インド・アーリヤ語で読めることになる。しかし、その可能性はドラヴィダ語説よりもかなり低いと思われる。

第Ⅲ章でみたように、十九世紀における「アーリヤ人」とは、比較言語学の成果と『リグ・ヴェーダ』の記述にもとづく解釈の産物であった。二十世紀に入ると、それがインダス文明の発見とそれ以後の発掘成果によって、考古学の問題ともなっていく。「アーリヤ人」の痕跡を考古学の発掘成果で検証することが重要な意味をもつようになる。

その結果、英領統治下のインド考古調査局の局長をつとめたモーティマー・ウィーラー（一八九〇―一九七六年）は、モヘンジョ・ダロで発見された多数の人骨をアーリヤ人による殺戮の証拠とみなし、インダス文明を滅ぼしたのはアーリヤ人であるとする「アーリヤ人征服説」を、一九四七年の論文のなかで提唱する（Wheeler 1947）。しかし、この説は「アーリヤ人」の侵入時期とインダス文明の衰退する時期とがずれること、そして虐殺跡とされる場所で出土した骨の鑑定によると、虐殺によるものと断定できないこと、『リグ・ヴェーダ』の記述をどこまで史料としてあつかえるのか疑問であることの三点から、今日では完全に否定されている。また、ウィーラー自身も、晩年には自説を撤回している。

しかし、学問的にも否定されているにもかかわらず、このウィーラーの説は二十一世紀となった現在でも、その説を本や論文で紹介している人々がいる。十九世紀のマックス・ミュラーの説が今日まで生き延びていることを考えると、二十世紀半ばに発表されたウィーラーの説が今日でも紹介されているのは、いたしかたないのかもしれない。しかし、このことは欧米の学界動向には敏感な日本の知識人も、インドをめぐる学問的成果には無関心であることをいみじくもしめしている。

南アジア考古学の発達

つぎに一九九〇年以降のヒンドゥー・ナショナリストたちによる反「アーリヤ人侵入説」を紹介するまえに、南アジア考古学の成果をまとめておこう。

一九四七年、英領インドはイギリスから独立を果たし、インドとパキスタンに分裂する。この結果、ハラッパーやモヘンジョ・ダロの遺跡はパキスタンに帰属することになる。皮肉なことに、ハラッパーやモヘンジョ・ダロを失なったことによって、インド国内のインダス文明遺跡の発掘が促進されることになる。独立以前から、今は水が涸れてしまったガッガル・ハークラー川（あるいはサラスヴァティー川）流域に多数の遺跡があることが、シルクロード探検で知られるオーレル・スタイン（一八六二―一九四三年）によって発見されていたことから、その流域沿いに、発掘調査がおこなわれる。

発掘調査が進むにつれ、ガッガル・ハークラー川上流でカーリーバンガン（ラージャスターン州）やバナーワリー（ハリヤーナー州）といった都市遺跡が発見される。また、南部のグジャラート州でも、ロータルやスールコータダーなどの都市遺跡が発見される。こうしたインド側での発掘調査の結果、インダス文明の分布はインダス川流域に限定されないことがはっきりとする。『四大文明　インダス』（近藤英夫・NHKスペシャル「四大文明」プロジェクト（編）二〇〇〇）によると、インダス文明の地理的範囲は、北は中央アジアから南はインド・グジャラート州のサウラーシュトラ半島まで、東はデリーの北部から西はアラビア海沿岸のマクラーン地方まで、東西一六〇〇キロメートル、南北一四〇〇キロメートルにおよぶ。これほど広範囲に、共通の要素をもった遺跡が分布する文明は他に類をみない。NHKで放映され、一躍有名になったのがインドのグジャラート州カッチ地方にあるカディール島で発見されたドーラーヴィーラー遺跡である。今後もこうした遺跡が発見される可能性は十分ある。

独立後、パキスタン側でも、次々とあたらしい遺跡が発見された。とくに、インダス文明以前の遺跡が南部のシンド地方やシンド地方の北に広がるバローチスターン丘陵を中心に発見され、注目をあびた。独立以前には、インダス文明はメソポタミア文明から伝播したものであるという考え方が有力だったが、これらの発見は、こうした伝播説を打砕する証拠を提示することを意味する。

一九五五年にはインダス文明出現の鍵をにぎると思われるコート・ディジー遺跡が、パキスタン考古局のF・A・ハーンの指導のもと発掘された。コート・ディジー遺跡は紀元前三〇〇〇年頃のもので、上部の地層からはインダス文明当時の出土物が、下の地層からはインダス文明とことなる時代の出土物が発見されている。下層部の出土物などから、コート・ディジー文化と命名された。この文化をインダス文明の初期の形態とみる見解と、インダス文明とはことなるとみる見解があって、考古学者のなかでコンセンサスがえられているわけではないが、少なくとも、少数の権力者が外部からやってきてインダス文明を築き上げたとみる見解は否定されている。

バローチスターン地方では、さらにこれよりも古い遺跡が発見される。フランス隊によって、一九七四年から発掘がはじまったメヘルガル遺跡は、それまで発見されていた遺跡のなかでは最古のもので、紀元前七〇〇〇年までさかのぼる。しかも、そのメヘルガルの紀元前六五〇〇年の遺跡からは、小麦栽培を証拠づける出土物が確認されている。インダス文明が華開いた地域で、先史農耕文化が確認されたのである。現在では、こうした発見からインダス渓谷伝統あるいは、インダス時代と称して、紀元前六五〇〇年から紀元前一五〇〇年を連続的にとらえる傾向がある。一九九八年、ニューヨークで開かれた「インダス渓谷の古代世界」と題する展示会のカタログによると、以下のような時代区分が想定されている。

初期食料生産時代（新石器時代段階）紀元前六五〇〇年—紀元前五〇〇〇年
地域化時代（初期ハラッパー段階）紀元前五〇〇〇年—紀元前二六〇〇年
統合時代（ハラッパー段階）紀元前二六〇〇年—紀元前一九〇〇年
地方化時代（後期ハラッパー段階）紀元前一九〇〇年—紀元前一三〇〇年（Kenoyer 1998）

この時代編年区分によると、統合時代がインダス文明期に相当する。地域化時代と統合時代は連続的にとらえられており、地域化時代の遺跡にはヴァリエーションがあるものの、インダス都市文明の萌芽がみられるという。先に指摘したように、かつてインダス文明はメソポタミア文明との関連が強調され、メソポタミア文明が伝播したものがインダス文明であるという考え方が支配的だった。

考古学的証拠からいって、インダス文明とメソポタミア文明との交流はまちがいないが、インダス文明がメソポタミアから移入されたとみる見解は、今日では完全に否定されている。その伝播説に代わって、先の時代編年区分の地域化時代にインダス文明の起源をもとめる研究者が多くなってきた。一九九九年には、メソポタミア文明より古い紀元前三五〇〇年のインダス文字が発見されるなど、この地域化時代と統合時代の関連はますます強くなっている。インダス渓谷での発掘はインダス文明期の遺跡だけでなく、インダス文明以前の遺跡の発掘も盛んだ。今後の研究によって、インダス文明の起源が解明される日もそう遠くないところまできている。

なお、二〇〇二年になって、インドの有力週刊誌『インディア・トゥデイ』二月十一日号の報道によると、グジャラート州沖の海底から紀元前七五〇〇年の古代文明の遺跡が発見されたという。その都市構造はハラッパーのそれと類似するといわれるが、今後の発掘成果が待たれる（なお、筆者は旧版『新インド学』を出版後に、総合地球環境学研究所のプロジェクトとして、インダス文明研究に従事した。その成果として、二〇一三年、『インダス文明の謎――古代文明神話を見直す』（京都大学学術出版会）を出版した。ここに書いたインダス文明に関する記述はやや古いが、改めて書き直すことはしなかった。インダス文明研究の詳細については拙著を参照のこと）。

考古学者による「アーリヤ人侵入説」への疑問

考古学の成果によって、「アーリヤ人の侵入」の証拠が明確でないことがあきらかになってくるなか、公然と「アーリヤ人の侵入」に疑問の声をあげる考古学者が出てくる。アメリカの考古学者、ケース・ウェスタン・リザーヴ大学のジム・シェーファー（一九四四年生）である。シェーファーは、一九八四年の論文「インド・アーリヤ人の侵入――文化的神話と考古学的事実」（Shaffer 1984）のなかで、「最近の考古学データは先史、原始時代のいかなる時代においても、インド・アーリヤ語族の話し手による南アジアへの侵入があったことを支持していない」と述べている。そして、「アーリヤ人侵入」による不連続性がみられないこと、インダス文明を中心とする歴史は「内的な発展」の歴史とみなしうること、の二点を結論としてあげている。また、言語学については、こう批判している。

十八世紀、十九世紀のヨーロッパにおける、学問的概念としてのインド・アーリヤ人の侵入は、その当時の文化環境を反映している。言語学のデータがこの概念を正当化し、その概念をもって考古学や人類学のデータの解釈に使われてきた。理論が疑問の余地がない事実となると、あとのデータすべてはその理論によって、解釈され組織立てられる。南アジアにおける先史および原始の文化発展の解釈的枠組みを規定する言語学の暴虐に終わりをつげる時期にきているのである。(Shaffer 1984, p. 88)

十九世紀ヨーロッパにおいて「アーリヤ人侵入説」がいかに形成されてきたのかを本書では詳しくみてきた。とくに、マックス・ミュラーの恣意的とも思える解釈には問題点が多いことから、シェーファーの指摘には首肯すべき点も多々ある。しかし、「言語学の暴虐」とはずいぶん思いきった言語学に対する批判である。その言語学への批判については後述するとして、「アーリヤ人侵入」の痕跡がみあたらないという考古学的事実を無視することはできない。

シェーファーのように、言語学の成果を否定する立場は極端だが、「アーリヤ人侵入説」を支える考古学的証拠にかけることはたしかである。たとえば、先にあげた『インダス渓谷の古代世界』のなかで、ウィスコンシン大学のジョナサン・マーク・ケノイヤー（一九五二年生）は、「ハラッパー段階がおわる紀元前一九〇〇年ごろから初期歴史時代の紀元前六〇〇年ごろまでに、インダス渓谷に侵入や大量移住の考古学的生物学的証拠はない」(Kenoyer 1998, p. 174) と指摘している。

ケノイヤーが指摘した「生物学的証拠」とは、シェーファーのいう「人類学のデータ」と同じものをさす。つまり、遺跡から発掘された人骨を研究する学問の成果をいう。日本で形質人類学とか、自然人類学とか呼ばれている学問成果による証拠である。南アジアの人骨研究者であるコーネル大学のケネス・A・R・ケネディ（一九三〇―二〇一四年）は、人骨や形質人類学からは決して「アーリヤ人」を特定できないことを強調したあと、つぎの二点を指摘している。

第一は、こうした考古学的、形質・自然人類学的データからは、紀元前一五〇〇年に侵入してきたとされる「アーリヤ人」によってもたらされるはずの不連続性がみられないこと、そして第二には、形質・自然人類学の成果からは紀元前四五〇〇年と紀元前八〇〇年に不連続性がみられること、の二点である。

さらに、もう一つの考古学的成果も「アーリヤ人の侵入説」には否定的である。それは植物考古学の成果だ。植物考古学とは、考古学の発掘物のなかで、とくに植物を採り上げる。その地域でどんな植物が栽培されていたのか。また、栽培植物がどこで最初に栽培されるようになったのか。そして、栽培植物はどのように伝播していったのか。そういったテーマを探究する研究分野である。

この植物考古学の成果によれば、紀元前三〇〇〇年以前にはアフリカ原産の雑穀がインダス地域にはみられないこと、紀元前二二〇〇年頃に農法の変化がみられることがわかっているが、紀元前一五〇〇年といわれる「アーリヤ人の侵入」による、栽培植物等の変化はみられない。

では、こうした考古学的証拠や形質・自然人類学的データを重要視して、完全に、「アーリヤ人の侵入」はなかったと結論づけていいのだろうか。答えは否である。なぜなら、印欧比較言語学の成果を無視することはできないからだ。

本書で詳しくみてきたように、印欧比較言語学の成果とは、インドの古典語、サンスクリット語とヨーロッパの古典語、ギリシア語、ラテン語が共通の印欧祖語にさかのぼるという発見をさす。たしかに、その発見はヨーロッパでおこなわれたものであって、ナチス・ドイツのように、ゲルマンの優越性の証明として使われた、いまわしい過去がある。しかし、その発見はインド人が比較をおこなっても、日本人が比較をおこなっても、到達する結論であって、だれもが検証しうる科学的事実である。立場によって解釈がことなるといった種類のものではない。その点は『リグ・ヴェーダ』の一節をめぐる解釈とは根本的にことなる。「言語学の暴虐」と言語学を批判しても、サンスクリット語とギリシア語、ラテン語との系統関係が否定できるわけではない。ガリレオが「それでも地球はまわっている」といったのになぞらえれば、人種差別を助長するからという理由で、たとえ比較言語学が禁止されたとしても、「それでもサンスクリット語とギリシア・ラテン語は系統関係をもつ」のである。その点はわすれてはならない。

こうした言語学批判がある一方、この「アーリヤ人侵入説」と直接関連したかたちではないが、考古学への批判もある。たとえば、日本民俗学の父、柳田國男（一八七五―一九六二年）は、考古学ぎらいで有名だったし、「日本語＝タミル語起源説」を展開する大野晋（一九一九―二〇〇八年）は、考古学が比較言語学の成果に目をくばらないと、「単なる「物マニヤ」に落ち込むことになる」といって考古学を批判している。

つまり、考古学は発掘された出土品から歴史を復元するが、まだ地中深くねむる文物については、何も語ることができないという批判がある。こうした批判はおうおうにして、それぞれの分野のデータが一致しないときにおこる。この「アーリヤ人侵入説」は典型的なケースだ。それぞれがお互いに都合の悪いデータを正当化するために、ほかの学問分野を攻撃するのではなにも解決しない。どちらの分野の研究者も納得がいくためには、こうした比較言語学の成果と考古学や形質・自然人類学のデータを整合させていくことしか解決方法はない。

インド・アーリヤ祖語の話し手の移住――ふたつの提案

言語学と考古学という、ことなった分野のデータを整合させる。こう口でいうのは簡単だが、実際におこなうのはむずかしい。そこで、比較言語学の成果と考古学や形質・自然人類学のデータを整合させるこころみを、二例紹介しておこう。

それはケンブリッジ大学の考古学者レイモンド・オールチン（一九二三―二〇一〇年）による説とヘルシンキ大学のインダス文字研究で有名なパルポラによる説である。いずれも、考古学の成果に配慮して、「アーリヤ人侵入説」のうち、殺戮破壊をともなう一斉大挙の移住は想定せず、段階的で小規模な移住を想定している。また、「アーリヤ人」というあいまいな表現ではなく、「インド・アーリヤ祖語の話し手」として、人種や民族の差にふれない表現を使用している。しかし、二つの説はほとんど一致点をみないほど、アプローチがことなる。比較言語学の成果と考古学のデータの整合性をもとめることが、いかにむずかしいか、二つのことなる結論がそれを物語っている。

まず、オールチンの説を紹介しよう。オールチンは『初期歴史的南アジアの考古学』(Allchin 1995）と題する本のなかで、段階的移住を想定し、つぎの四段階を提案している。

第一段階（紀元前二三〇〇―二〇〇〇年）

インド・アーリヤ祖語の話し手がインダス渓谷の西にやってきた「はじめての遭遇」段階

第二段階（紀元前二〇〇〇―一七〇〇年）

それまでインダス渓谷で話されていた言語がインド・アーリヤ祖語に置換する「相互作用と征服」段階

第三段階（紀元前一七〇〇―一二〇〇年）
言語の置換と文化変容がおしすすめられる「文化変容」段階
第四段階（紀元前一二〇〇―八〇〇年）
文化的に複合的な「アーリヤ文化」の出現段階

このオールチンの説にはいくつかの問題点がある。言語の移行はかなり長期にわたって時間がついやされたとみる点について、こうした移行例が実例としてあればいいが、どうだろうか。よくいわれるように、ユーラシア大陸では長期間ではなく、短期間にドラスティックに言語が入れ換わってしまうケースが多いのではなかろうか。また、言語は少しずつ浸透しながら、広がっていくのではない。多くの場合、まずバイリンガルな状況を経て、ある言語から別の言語へ移行する。オールチンはこうしたバイリンガル段階の期間は、「百年にはいかず、数十年」とみているが、バイリンガル段階についていえば、もっと長い時間を想定してもよいのではないか。つまり、第二段階で「インド・アーリヤ祖語に置換する」とあるが、商売や交易を通した「インド・アーリヤ祖語」による通商語（リンガ・フランカ）と現地語のバイリンガルな状態を想定するほうが、説得力があるのではなかろうか。それに、なによりも人種的民族的優越を想定しやすい「征服」という用語は使用すべきではない。

いろいろと問題があるが、インダス川流域の「インド・アーリヤ語化」が大量の移住をともなわないで、バイリンガルの時期を経て、時間をかけておこなわれたという視点については評価できる。このオールチンの説をみても、やはり「紀元前一五〇〇年ごろ、アーリヤ人の侵入」という歴史記述はあらためるべきである。

つぎに、インダス文字の解読で著名なパルポラの説をみていこう。パルポラの説は一九八八年の「イランとインドへのアーリヤ人の来住とダーサの文化的民族的アイデンティティ」と題する論文以来（Parpola 1988）、一九九〇年代に、私が知るだけでも論文集などに五編たてつづけに発表した論文のなかで展開された論である。言語学の立場に近いパルポラは、言語の話し手と人種や民族との混同をさけるために、つぎのような区別を立てている。

㈠インド・イラン祖語の話し手としての「アーリヤ人」
㈡インド・アーリヤ祖語の話し手としての「アーリヤ人」
㈢『リグ・ヴェーダ』を書き残した「アーリヤ人」

さらに、パルポラはインド・アーリヤ祖語をダーサ祖語（第Ⅲ章で述べたように、『リグ・ヴェーダ』に登場するダーサに由来）と東アーリヤ祖語にわけ、それぞれの話し手である「アーリヤ人」とその話し手が持っている文化を、これまでの考古学的成果と関連づけている。その結果、ダーサ祖語の話し手はバクトリア・マルギアナ考古複合体（中央アジアのトルクメニスタンからアフガニスタンに広がる遺跡群の総称、紀元前一九〇〇—一七〇〇年）と関連づけ、東アーリヤ祖語はアンドロノヴォ文化（シベリアのエニセイ川上流にある村の名からとられ、アラル海から北カザフスタンを中心に広がる文化で、紀元前一九〇〇―一五〇〇年に栄えた）と関連させている。また、リグ・ヴェーダ祖語の話し手については早期ガンダーラ墓制文化（パキスタン北部のスワート周辺に集中的に分布する墓葬を指標とする文化、紀元前一六〇〇―一四〇〇年）と関連づけている。

このパルポラの説が考古学的にどこまで妥当なのか。考古学者の判断を待つしかない。この年代でいけば、あくまでも「アーリヤ人」は紀元前一五〇〇年頃、移住してきたことになる。

以上、オールチンとパルポラの説を紹介したが、いずれにしてもまだコンセンサスがえられるまでにはいたっていない。比較言語学の成果と考古学の成果は、どのように解釈すれば整合性を保持できるのか。その点に苦労しながら、オールチンもパルポラも、従来の「アーリヤ人侵入説」の転換をはかっている。先に引用したシェーファーの指摘をもう一度思い出してほしい。「南アジアにおける先史および原始の文化発展の解釈的枠組みを規定する言語学の暴虐に終わりをつげる時期にきているのである」と。「アーリヤ人侵入説」をなにも「言語学の暴虐」と攻撃しなくとも、「インド・アーリヤ祖語」の話し手の小規模な移住を想定することで、ある程度の解決策が提示できることを、オールチンやパルポラはしめしている。かれらの学説が日本の教科書で紹介されるまでには、まだまだ紆余曲折がありそうだが、十九世紀のマックス・ミュラーの学説をいつまでも堅持しているよりは、ずっと誠実である。日本の教科書においても、インド古代史の一大イベントである「アーリヤ人の侵入」

の記述の訂正を真剣に考えるべきときがきている。本書の読者はそのことを理解していただけたのではないだろうか。

二　一九九〇年代以降の反「アーリヤ人侵入説」とヒンドゥー・ナショナリズム

ヒンドゥー・ナショナリズムの台頭

英領インドは、一九四七年に、インドとパキスタンに分裂して独立する。イスラム教徒はパキスタンへ、ヒンドゥー教徒はインドへ、と図式的に教えられてきたが、インドには実は総人口の十四パーセントを超える一・九億人以上のイスラム教徒がいる。これはインドが世俗国家をかかげ、宗教対立の融和を進めてきたことと無縁ではない。ところが、一九九〇年代以降、ヒンドゥー国家建設をめざす人々が、インド人民党の躍進とともに台頭してくる。

インド人民党（ＢＪＰ）は一九五一年、他宗教を排除する「ヒンドゥー民族」論をかかげる民族義勇団（ＲＳＳ）の政治組織として発足した。一九七七年から八〇年にかけてはジャナタ党に加わって政権参加をとげ、一九八四年のインディラ・ガンディー首相暗殺以後、確実に力を増し、一九九六年以来二〇〇四年まで、総選挙で第一党となっていた。

こうしたインド人民党の躍進のかげに、ヒンドゥー・ナショナリストたちの活動がある。ヒンドゥー・ナショナリストとはヒンドゥー国家建設をめざす人々をいい、かれらを支えるヒンドゥー国家建設のイデオロギーをヒンドゥー・ナショナリズムと呼んでいる。

インドにおいて、反「アーリヤ人侵入説」が、一九九〇年代に注目を集めるようになったのは、このヒンドゥー・ナショナリズムの台頭と関連する。それを象徴する事件が一九九二年におこる。それは、ヒンドゥー教聖地アヨーディヤーをめぐり、ヒンドゥー教のラーマ神の生誕地にイスラム寺院（バーブルのモスク）が建設されているとして、イスラム寺院を破壊し、ラーマ神生誕地を解放しようという運動が激化し、一九九二年の十二月には、ついにヒンドゥー過激派たちが実力行使におよびイスラム寺院が破壊された、いわゆるアヨーディヤー事件である。日本でも、報道されたのでご記憶の方もいると思う。

このヒンドゥー・ナショナリストがいうところの「ラームジャナムブーミ（ラーマ神生誕地）解放運動」のなかで、ヒンドゥー・ナショナリストによるインド史の書き換え要求がおこる。というのは、唯物史観に立つ多くのインド人歴史家は、このラーマ神生誕地説が史実ではなく神話にすぎず、まったく根拠のないものとして、この運動にこぞって反対したために、ヒンドゥー・ナショナリストの納得のいくような歴史が要請されたのである。その結果、この反「アーリヤ人侵入説」が大きくクローズアップされるようになった。

インドにおける「アーリヤ人侵入説」への疑問

第Ⅲ章でみてきたように、マックス・ミュラーを創始者とする「アーリヤ人侵入説」には、多くの疑問点がふくまれている。したがって、その初期の段階から、つまり十九世紀末から、ヒンドゥー教の宗教指導者たちは「アーリヤ人侵入説」への疑問を呈してきた。たとえば、マックス・ミュラーとほぼ同時代人で、一八七五年に、「ヴェーダに帰れ」をスローガンに復古主義的なヒンドゥー改革運動団体、「アーリヤ・サマージ」を設立したダヤーナンダ・サラスヴァティー（一八二四―八三年）、一八九三年シカゴの万国宗教会議に出席し、一八九七年には、史上まれにみる神秘家といわれるラーマクリシュナ（一八三六―八六年）の教えを継承するために、「ラーマクリシュナ・ミッション」を創設したことで知られるヴィヴェーカーナンダ（一八六三―一九〇二年）、南インドのポンディシェリーにあるオーロビンド・アシュラムで、世界中から信者を集めてきたオーロビンド・ゴーシュ（一八七二―一九五〇年）など、十九世紀から二十世紀にかけて活躍した、いわゆるヒンドゥー教の改革者たちは「アーリヤ人侵入説」にこぞって反対している。

かれらの主張については津田元一郎（一九二五年生）の『アーリアンとは何か――その虚構と真実』（津田　一九九〇）に詳しいので、参照されたい。ただし、津田はヒンドゥー教の指導者たちの発言をそのまま紹介しているだけで、事実を実証するという立場ではない。とくに、考古学的な成果にはほとんどふれられていない。その点には留意する必要があるだろう。

こうした宗教指導者の反「アーリヤ人侵入説」は、宗教的信仰に関わる問題であって、史実としての「アーリヤ人侵入説」への検証までにはいたらなかった。それが力を持ってきたのは、「アーリヤ人侵入説」が、考古学的証拠に欠けることがあきらかになってきたからである。とくに、先に引用したシェーファーの一九八四年の論文は、大きな反響をよんだ。そして、こうした考古学者からの告発がヒンドゥー・ナショナリストたちに、反「アーリヤ人侵入説」を展開させる動機となっていることは、かれらがかならずシェーファーの論文に言及することからみてまちがいない。

この反「アーリヤ人侵入説」の旗手として、一躍有名になったのはデヴィッド・フローリー（一九五〇年生）である。もともとカトリック教徒のアメリカ人であるフローリーが、ヴェーダやヨガを研究し、ヴェーダーチャーリヤ（ヴェーダの先生）の称号とともに、ヴァーマデーヴァ＝シャーストリー（ヴァーマデーヴァとはシバ神をさす）というヒンドゥー名を与えられたのは一九九〇年のことだ。それ以来、ヒンドゥー教の偉大さをうったえるとともに、ヒンドゥー教の聖典ヴェーダを伝承してきた偉大なるヒンドゥー教徒の国インドというとらえ方に立って、ヒンドゥー教徒擁護の一環として、反「アーリヤ人侵入説」の唱道者となっていった。二〇〇〇年の二月から三月にかけておこなわれたフローリーの訪印では、当時のバージパエ首相と会談したばかりではなく、政権与党のインド人民党幹部と会談したり、デリー大学やジャワハールラール・ネルー大学、インド工科大学など、インドの有名大学で講演したり、マスコミ各社の取材も受ける歓迎ぶりであった。

そのフローリーとアメリカのインディアナ大学で数学の博士号を取得したのち、アメリカ航空宇宙局（NASA）の科学者となったN・S・ラージャーラーム（一九四三―二〇一九年）による反「アーリヤ人侵入説」をみておこう。ラージャーラームの『インドへのアーリヤ人侵入――神話と事実』（Rajaram 1993）、フローリーの『インドへのアーリヤ人侵入神話』(Frawley 1994)、そしてラージャーラームとフローリー共著の『ヴェーダ・アーリヤと文明の起源』(Rajaram and Frawley 1995) などをとりあげる。そのほかにも、反「アーリヤ人侵入説」を展開したヒンドゥー・ナショナリストによる本は一九九〇年代以降枚挙にいとまがない。

また、西洋のインド学者の間では、ヒンドゥー・ナショナリストへの批判が多いなか、エドウィン・ブライアント（一九五七年生）はヒンドゥー・ナショナリストたちの立場を理解したうえで、これまでの「アーリヤ人問題」をまとめた『ヴェーダ文化の起源問題——インド・アーリヤ移住論争』(Bryant 2001) を執筆している。そこで、これらを利用しながら、ヒンドゥー・ナショナリストたちの主張をみていこう。

ヒンドゥー・ナショナリストたちの反「アーリヤ人侵入説」の根拠は、西洋中心主義に対するイデオロギー批判に終始することが多い。本書で指摘してきたように、その点についてはヒンドゥー・ナショナリストたちに道理がある。さらにイデオロギー批判に加えて、ヒンドゥー・ナショナリストたちはいくつかの「事実」をかかげて異議申し立てをおこなっている。その「事実」についていえば、解釈の問題であって、立場によってはそれを「事実」と認定できるかどうか、問題が残るケースも多い。その問題点をここで検証しておきたい。

ヒンドゥー・ナショナリストたちが反「アーリヤ人侵入説」の根拠としてあげる「事実」を大別すると、つぎの三つにわけることができる。それぞれの「事実」をかいつまんで紹介しておこう。これらの「事実」のあとに、「だから「アーリヤ人の侵入」はなかった」とつづけると、かれらの主張になる。

㈠言語学の問題

㈠言語学は科学ではない。

㈡印欧祖語はサンスクリット語である。

㈢印欧祖語はインドで話されていた。

㈡考古学の問題

㈣アーリヤ人の大規模な移住の痕跡がない。

㈤インダス地域の遺跡は古くは紀元前七〇〇〇年にまでさかのぼることができ、インダス文明はその時代から連続的に発達をとげてきたもので、「アーリヤ人侵入説」は考古学的な根拠に欠ける。

㈥「アーリヤ人」と馬の関係が指摘されてきたが、インダス文明の遺跡から、紀元前二三〇〇年の馬の骨がみつかっている。すなわち、インダス文明は「アーリヤ」文化と関連する。

㈦インダス文明のインド側の遺跡にはヴェーダのなかで描かれている宗教的モチーフがみられる。

㈧インダス文明の担い手はヴェーダをつくった「アーリヤ人」であるという証拠に、インダス文字はサンスクリット語で読める。

(三)インド文献学の問題

(ケ)ヴェーダのなかに、移住を想定するような記述がない。

(コ)『リグ・ヴェーダ』の成立年代は、マックス・ミュラーが指摘し、今日まで想定されている紀元前一二〇〇年ではない。ヴェーダに記載されるサラスヴァティー川の水が涸れるのが紀元前一九〇〇年なので、それ以前である。

(サ)ヴェーダ天文学による天の運行計算からいって、少なくとも紀元前二〇〇〇年にはヴェーダはすでに成立していた。

言語学の問題である(ア)から(ウ)はこれから検証するが、考古学の問題については、すでに前節で紹介した。とくに、(エ)や(オ)についていえば、その主張を事実と受け止めて、大規模な移住については想定せず、小規模な波状的な移住を想定した説を紹介したので、ここではとりあげない。また、考古学の問題のなかでは、(カ)だけをとりあげ、(ク)インダス文字がサンスクリット語、あるいはインド・アーリヤ語で読めるかどうかについては、ドラヴィダ語説が有力であるとだけ述べて、詳細についてはふれない。さらに、(キ)は決定的な証拠というよりも、一つの解釈の可能性程度であるようにみえるので、ここではとりあげない。私が判断に困るのはインド文献学の問題である。この点はヒンドゥー・ナショナリストたちが専門とするところで、私には荷が重いが、(コ)と(サ)に関連するヴェーダの成立年代について、あとでふれてみたい。

言語学への批判とその検証

ヒンドゥー・ナショナリストによる言語学批判のうち、ラージャーラームは「(ア)言語学は科学ではない」と主張する。では、なぜ言語学は科学でないのか。その根拠となると、かならずしも明白ではない。かれの論理では、もともと「アーリヤ人侵入説」は「言語学による証拠」にもとづいているが、実証的な科学である考古学によって否定されているのであるから、言語学は事実を語っていない。したがって、科学ではない、ということになる。いささかトートロジーの印象をいなめない。

「アーリヤ人侵入説」に関わらないところで、言語学は科学ではないことを証明してくれれば、もう少し説得力があるが、その点にはふれられていない。また、ラージャーラームの批判の対象となる言語学が十九世紀のマックス・ミュラーによる「言語科学」だけなのも説得力に欠ける。マックス・ミュラーについては、本書において、ラージャーラーム以上に、その問題点をあげているので、マックス・ミュラーをもって言語学といわれると、その前提自体が問題なのである。これらを総合してみると、ラージャーラームが主張するところの「言語学は科学ではない」根拠にはどうみても説得力が欠けている。それにもかかわらず、「言語学は科学ではない。したがって、言語学によるアーリヤ人侵入説は成り立たない」という論理では、言語学者はだれも納得しないだろう。

それでは、今度は印欧比較言語学の成果を根底からくつがえす「(イ)印欧祖語＝サンスクリット語説」と「(ウ)印欧祖語インド故郷説」についてみておこう。

これらが認定されると、印欧語族の拡散はインドから西洋への移動だけを考えればよいことになり、「アーリヤ人侵入説」は否定されることになる。実は、『リグ・ヴェーダ』の解釈を整理した人として、第Ⅲ章で紹介したイリノイ大学のホックが、「インドから？　言語学的証拠」(Hock 1999a) という論文で、どちらの説も成り立たないことを懇切丁寧に説明している。それによると、まず「印欧祖語＝サンスクリット語説」についていえば、母音対応から、印欧祖語の母音はサンスクリット語の母音とことなったものを再建する必要があり、印欧祖語の母音からサンスクリット語の母音への変化を想定しなければうまく説明できないことを指摘している。また、子音対応についても、具体的な例をあげ、これら音韻対応によって想定できる音韻変化から、印欧祖語がサンスクリット語とはあきらかにことなることを指摘している。ここでは、煩雑になることをさけるために、具体的な母音対応や子音対応をあげないが、その方法はたんなるホック一人の解釈ではなく、コンセンサスがえられている比較方法にのっとったものである。つまり、音韻対応と音韻変化という比較言語学の基本をしめすことで、「印欧祖語＝サンスクリット語説」が成立しないと、初心者に教えるように説得している。

一方、「印欧祖語インド故郷説」については、言語学による否定はなかなかむずかしいが、印欧諸語の方言差異をみることによって、それらがすべてインドから広がっていったとしたら、その説明は不必要に複雑で、ほとんど理解できぬものとなるだろうと指摘している。

この反「アーリヤ人侵入説」をとなえる人々による「印欧祖語＝サンスクリット語説」および「印欧祖語インド故郷説」に対するホックの反論は、模範解答である。しかし、言語学に無比較言語学を少しでも学んだ人にとっては、たいへんわかりやすい。しかし、言語学に無縁な人たちにとっては音韻対応など、細かい問題に入ると理解しにくいと思われるかもしれない。なかには、ラージャーラームがいうように、言語学がどこまで科学的なのか疑問を呈するむきもあるのではなかろうか。とくに、日本語の起源をめぐって、「日本語＝タミル語起源説」などが巷(ちまた)で喧伝されていることで、比較言語学への信頼がゆらいでいるのかもしれない。しかし、ここではっきりとさせておきたいのだが、印欧比較言語学についていえば、疑問の余地がないほど、証明された科学的事実であるということ、そして「日本語＝タミル語起源説」については、大多数の比較言語学者はその説が厳密な比較方法にもとづいていないと判断していることの二点をあきらかにしておく（なお、すでに言及したように、ハーヴァード大学のデイヴィッド・ライクは古代DNAの全ゲノム研究に特化した研究を続けているが、科学誌『サイエンス』に掲載された、ライク他九十一名の共著者による「南アジアおよび中央アジアのゲノム形成」論文によると、「我々の結論はステップに住む人々が遺伝的に青銅器時代のヨーロッパと南アジアをいかに結びつけているか、そしてほぼまちがいなくユーラシア大陸にまたがるインド・ヨーロッパ語族の拡散と関連付けることができることをしめしている」と指摘している。つまり、「印欧祖語インド故郷説」は最新のDNA研究によって、否定されたことになる)。

「アーリヤ人」と馬

ここでは、ヒンドゥー・ナショナリストたちのあげた「事実」のうち、「(カ)「アーリヤ人」と馬の関係が指摘されてきたが、インダス文明の遺跡から、紀元前二三〇〇年の馬の骨がみつかっている。すなわち、インダス文明は「アーリヤ」文化と関連する」をとりあげる。考古学と印欧語族やインド・アーリヤ語族に関連して、馬の問題がいつもクローズアップされてきた。というのは、印欧諸語では「馬」をさす語は同源語で、印欧祖語の話し手が馬を持ち、その馬がインド・イラン祖語でも、インド・アーリヤ祖語でも、伝承されてきたと考えられているからだ。

デイヴィッド・W・アンソニー(一九四九年生)らの研究によると、馬の飼育化については紀元前四〇〇〇年のユーラシア大陸のステップ地帯でおこなわれたという。この馬はインド・アーリヤ祖語の話し手が南アジアに持ち込んだとこれまでは考えられてきた。しかし、紀元前二三〇〇年から一七〇〇年頃の年代と推定されるスールコータダー遺跡(インド・グジャラート州)で、馬の骨がみつかり、ヒンドゥー・ナショナリストたちは馬についても、「アーリヤ人侵入説」の根拠にならないと主張している。

ところが、この馬の骨をめぐって、論争がおこっている。つまり、この馬の骨が本物だとする説と本物の馬ではないとする説が、まっこうから対立している。論争の当事者であるハーヴァード大学のリチャード・H・メドウ（一九四六年生）が「時間のかかる高度に技術的な論争」と指摘するように、しろうとには判断がつかない。しかしながら、メドウの指摘を無視し、ヒンドゥー・ナショナリストはこの馬の骨をもって、「アーリヤ人侵入説」の無効性を主張している。

さらに、馬をめぐる論争はあらたな局面をむかえている。それは先に述べたラージャラームらが、インダス紋章の一つを馬の紋章であると主張していることに端を発する。かれらは、インダス紋章に馬の紋章がある以上、ハラッパーに馬がないという定説は根拠がないと主張したのである。

ところが、その馬の紋章が大きな問題となった。ハーヴァード大学のインド学者ミヒャエル・ヴィッツェル（一九四三年生）たちはラージャラームたちの根拠とする写真を調べたところ、この馬の紋章はインダス紋章によくある一角牛の紋章で、一部が欠けているために馬のようにみえることをしめした。だれの目にもあきらかに一角牛の紋章にみえ、ラージャラームたちに勝ち目がないように思われるが、どうであろうか。

これはあきらかにラージャラームたちの勇み足である。先のスールコータダー遺跡での馬の骨であれば十分学問的に議論の価値がある。しかしながら、インダスの紋章を捏造してしまっては一巻の終わりである。ヒンドゥー・ナショナリストの主張には実証的な部分がまったくないわけではないし、考古学者たちなどが「アーリヤ人侵入説」に反対するだけの根拠を提示しているにもかかわらず、こうした捏造とみなされてもいたしかたない証拠を提示してしまっては、人間と類人猿のミッシング・リンクとさわがれ、しかもウソであることがわかったピルトダウン人にちなんで「ピルトダウンの馬」といわれてもしかたがあるまい。今後馬の問題は、実証的なレベルでの検証を待つしかないが、ヒンドゥー・ナショナリストたちにも自重を願っている。

ヴェーダの年代

最後にあげるのは、ヴェーダをめぐる年代である。ヒンドゥー・ナショナリストたちはつぎの事実をあげて、反「アーリヤ人侵入説」を展開している。それは、「(コ)『リグ・ヴェーダ』の成立年代は、マックス・ミュラーが指摘し、今日まで想定されている紀元前一二〇〇年ではない。ヴェーダに記載されるサラスヴァティー川の水が涸れるのが紀元前一九〇〇年なので、それ以前である」と「(サ)ヴェーダ天文学による天の運行計算からいって、少なくとも紀元前二〇〇〇年にはヴェーダはすでに成立していた」の二点である。

マックス・ミュラーが、ヴェーダの年代を紀元前一二〇〇年として、「アーリヤ人の侵入」を紀元前一五〇〇年頃に推定したことはすでに述べた。ところが、この年代には古くから異論がある。

『インド文献史』（全三巻、一九〇五―一二年）で知られるモーリッツ・ヴィンターニッツ

（一八六三—一九三七年）は次のように指摘している。

サンスクリット研究家のホイットニー（一八二七—一八九四）が、その後屢々繰返されている意見を述べた。「インド文献史において与えられた一切の年代附は、すぐまた倒されるにきまっている九柱戯の柱のようなものだ」と。そして、その大部分に対しては今日もなお同様である。今日でもなお、最も重要なインドの文献の年代についての最も著名な研究家の意見は、何年とか何十年というのではなく、またまさか一千年から二千年もというわけではあるまいが、何百年というほどに区々である。（ヴィンテルニッツ 一九六四、二五頁）

また、フランスのインド学の大家ルイ・ルヌーが、文庫クセジュ『インド教』（一九五一年）（渡辺照宏・美田稔訳、白水社、一九九一年）のなかで、ヴェーダ成立年代について「相対的な年代を確定することは容易ではない。絶対的な年代となれば、これもまたきわめて不確実である」（九頁）と指摘するように、本来こうした年代を確定できるかどうか、非常に大きな問題なのである。したがって、㈡や㈢をそのまま「事実」と認定するのはむずかしいようだ。

まず、㈡についていえば、前述のハーヴァード大学のヴィッツェルが反対意見を述べている（Witzel 1995）。それによると、『リグ・ヴェーダ』に出てくるサラスヴァティー川が、インダス文明のところで述べた、紀元前一九〇〇年頃に涸れてしまったガッガル・ハークラー川をさすとは限らず、イランの文献にもこのサラスヴァティー川が登場することから、ほかのサラスヴァティー川である可能性もある。サラスヴァティー川が特定できない以上、もちろん年代も特定できないという。

一方、(サ)については、イリノイ大学の歴史言語学者ホックが、これまた反対意見を述べている（Hock 1999b）。それによると、天文学の運行計算については、決してコンセンサスがえられているわけではなく、「少なくとも紀元前二〇〇〇年にはヴェーダはすでに成立していた」とはいえないという。

ヴェーダをめぐる解釈については、私には判断するだけの能力はない。ここでは、ヴェーダ文献を歴史史料とみなすことに反対する、イギリスの有名な社会人類学者を紹介しておこう。

『社会人類学案内』（一九八二年）（長島信弘訳、岩波書店、一九八五年）などの邦訳で知られるエドマンド・リーチ（一九一〇―八九年）である。リーチは『リグ・ヴェーダ』が確実に存在したことが証明されているのは紀元前四〇〇年であって、その『リグ・ヴェーダ』が紀元前一二〇〇年にすでに成立していて、しかも紀元前四〇〇年までそのまま原形をとどめていることや、さらにはその記述が歴史的な事実をしめしていると想定することなどは笑止千万だと断定する。おもしろいことに、リーチも基本的には「アーリヤ人侵入説」が人種差別にもとづいたものであるとして、その学説を否定しているのである。しかし、ヴェーダを歴史史料とすること自体に反対しているために、リーチの「アーリヤ人侵入説」の否定についての論文はヒンドゥー・ナショナリストたちの文献リストにはのぼっていない。

かつて日本では皇国史観の史料として神話が利用されたことがあった。そうした経験をもつ日本人としては、ヴェーダ文献の恣意的な読みによって、反「アーリヤ人侵入説」をとなえることには違和感がある。むしろ、リーチの反「アーリヤ人侵入説」のほうがずっと説得力がある。マックス・ミュラーのヴェーダ解釈への疑問と考古学のデータだけで反「アーリヤ人侵入説」を展開すれば十分ではないか。それがヒンドゥー・ナショナリストの反「アーリヤ人侵入説」に対する私の正直な気持ちである。

以上、ヒンドゥー・ナショナリストたちの主張を検討した。本書において、私が指摘してきたように、「アーリヤ人の侵入」を「インド・アーリヤ祖語の話し手による小規模な移住」と読み換える必要性については認めるが、ヒンドゥー・ナショナリストたちのように、「アーリヤ人侵入説」の全面否定を目的とした「印欧祖語=インド起源説」などについては、比較言語学的にいって、支持しかねる。「アーリヤ人侵入説」に反対するあまり、ヒンドゥー・ナショナリストたちが自分たちに都合のいい歴史をでっちあげることがないように注意深く見守っていきたい。

第Ⅴ章　私のインド体験

――多様性との出会い――

一　インド少数民族研究

インドの少数民族

これまでは、西洋におけるインド学の成立とそのインド学が生みだした「アーリヤ人」概念、そしてインドにおける西洋中心主義的「アーリヤ人侵入説」への反発などをみてきた。インド学はサンスクリット語文献の解釈を中心に発展し、それが今日まで脈々とつづいてきた。それを由緒ある伝統的な学問として積極的に評価すべきなのか、旧態依然とした学問として批判すべきなのか、研究者の立場によって、その評価はわかれるところだ。

私は後者の立場をとっているように、読者にはみえるかもしれない。しかし、そうではない。インド学がインド文献学の枠組みを堅持したままで、現代語の記述などに拡大してこなかったこと、そしてインドに内在する多元的な面に光をあてて発展しなかったことを問題としているのである。

インドの多元的な面を如実にしめすものとして、少数民族の存在がある。すでに述べてきたように、その少数民族ムンダ人の言語や文化を研究するのが私の専門分野である。インドの少数民族は国政上「指定部族」と呼ばれ、一般的には「アーディワーシー」（ヒンディー語で「先住民」を意味する）と称されている。この「指定部族」は憲法上、種々の保護策がこうじられている。たとえば、「指定部族」人口が多い選挙区では「指定部族」出身者しか立候補できない指定選挙区としたり、政府機関における役人のポストを「指定部族」出身者にふりわけたりして、「指定部族」の保護政策がおこなわれている。

しかし本書では、国政上の「指定部族」という名称は使用しない。インドで一般的に使用されている「アーディワーシー」を採用することも考えたが、インドについて、なんの知識も持たない人のために、本書では「少数民族」という名称を使用することとする。

インドにおいては、少数民族が総人口比約八パーセントを占めている。少数民族といっても、言語的にも文化的にも一律ではない。言語学的には、ドラヴィダ語族、ムンダ語族、チベット・ビルマ語族に属する言語を使用する民族が多い。しかし、ラージャスターン州などに住むビール人のように、インド・アーリヤ語族に属する言語を話す人々もいる。

地域的には、少数民族が集約的に住む居住地がいくつかある。インド北東部、ジャールカンド州、オリッサ（現オディシャー）州・チャッティースガル州・アーンドラ・プラデーシュ州の三州にまたがる隣接地域、タミル・ナードゥ州とケーララ州にまたがるニルギリ丘陵の四地域である。インド北東部は、アッサム州、アルナーチャル・プラデーシュ州、ナガランド州、マニプル州、ミゾラム州、トリプラ州、メガラヤ州の七州からなり、「セヴン・シスターズ」と呼ばれている。ここの少数民族はおもにチベット・ビルマ系の言語を話す。宗教的には、チベット仏教徒と十九世紀以降に改宗したキリスト教徒が多い。ジャールカンド州の少数民族は私の専門である。人口比からいえば、サンタル語、ムンダ語などムンダ語族に属する言語の話し手が多い。しかし、オラオン人のように、ドラヴィダ語族に属する言語の話し手もいる。後者の二つの地域に住む少数民族はおもにドラヴィダ系の言語を話すが、オリッサ州のコラプート県にはムンダ語族に属する言語の話し手もいる。それではこうした少数民族はどのように研究されてきたのであろうか。

日本における少数民族研究の先駆者、中根千枝

中根千枝（一九二六―二〇二一年）は、平成十三（二〇〇一）年度に文化勲章を受章した戦後日本の文化人類学をリードしてきた著名人である。その中根は、一九五〇年代に、アッサムの少数民族などの調査をおこなっている。いわば、インドの少数民族調査の大先輩である。しかしながら、一九五〇年代という時代背景がそうさせたのか、あるいはアッサムの少数民族と私の調査対象であるムンダ人とのちがいからくるのか、はたまた個人的な差というのか、私と中根の少数民族への思いのちがいに愕然とする。

私はインドが多元的世界であることを前提として、本書を執筆してきた。私にとっては、ヒンドゥー教徒も少数民族も多元的な面の一翼をになうという意味で同等である。ところが、中根はまったくことなる立場に立つ。そこでは少数民族とヒンドゥー教徒の間に「未開／文明」という線をひき、中根は「文明」側に立って少数民族を論じている。中根の著した『未開の顔・文明の顔』（中根 一九九〇、初版一九五九年）を引用しながら、少数民族が多元的なインド世界として、これまで紹介されてこなかったことを指摘し、それに対して、私がどのように少数民族をインド世界のなかで位置づけていくのか、あきらかにしたい。

中根は「未開／文明」という二分法を用いて、多元的なインド世界を二分して描写している。中根自身は二分された「文明」側に立ち、あちら側である「未開」社会と苦闘する中根のすがたが克明に写し出されている。中根は少数民族を「未開人」と呼んで、こう述べる。

しかし二、三ヵ月もこうした未開人の中に生活をつづけていると、郷愁を覚えるのは「文明人」である。文字をもたない人々のメンタリティ、関心事、喜び、怒りといったものは、何か私たちのものと本質的に異なるものだ。彼らには抽象化された思考、本能を意志によってみがきあげるといった人間的な悩みや、それに訓練された精神のバランスといったようなものはない。（中根　一九九〇、四三頁）

一方、「文明人」について、中根はこう述懐する。

このようなアッサムの奥地で私はときたま――ひどく稀に――辺境視察にきたインドの将校とか、地方長官に出くわすことがあった。こうした人にひょっこり会うと、長い間砂漠を旅してきた者がオアシスにたどりついたような気がする。こうした辺境を視察するインドの高官や将校には、若くて優秀な人が多い。西欧的教養とマナーを完全に身につけた人々である。〔中略〕ジャングルにおける私の生活にあって、こうした人々はその教養において、その人間において、ただ一人の文明人であった。単純にしてヴォキャブラリーの少い未開人の言語とブロークンな通訳の英語を聞きなれた私には、その流暢な英語に初めて意思疎通の可能の喜びを感ずるのである。（中根　一九九〇、四四―四五頁）

さらに「文明」は高文化によるもので、高文化の定着には何百年もかかるとし、中根はつぎのように極論する。

私はインドの辺境で、キリスト教徒であり、大学教育をうけた、背広を着た未開民族出身者と、半裸のヒンドゥ教の文盲の百姓に接してみて、つくづく驚いたことは、前者がその知識において、生活水準においてはるかに後者をしのいでいるにもかかわらず、その瞳になお時として未開の血があらわれ、長く接しているとよい意味でも悪い意味でも精神生活の浅薄さが感じられ、後者には云いしれない高い文化の香り、精神の落ちつきを感じたことである。このように人間の精神の成長というものが、いかにその社会的、歴史的地盤によって培われるものであるかは、想像以上である。（中根　一九九〇、一〇一頁）

長々と引用した。中根のバイアスをしっかりと伝えたかったからだ。

私はここで中根を告発しようというのではない。それよりも、こうした発言がなぜ容認されるのか。逆にいえば、中根の発言を容認する土壌がインド研究にあるのではないか。そういう問題を立てるほうが妥当であるように思われる。というのは、ある面ではヒステリックなまでの「言葉狩り」がおこなわれているとも思える現在の風潮のなか、告発がおこらないのはインドならこんなもの、といった考え方がどこかにあるのではないか。つまり、私自身の体験からいっても、ムンダ人とともに暮らし、ムンダ人女性と結婚するといった個人的体験がなければ、ムンダ人＝無知蒙昧、ヒンドゥー教徒＝高潔崇高といった図式にはまっていたかもしれない。また、心あるヒンドゥー教徒の学者連から、ムンダ人には気をつけなさいと、いくどとなく忠告を受けたこともある。ヒンドゥー教徒とムンダ人をはじめとする少数民族の間に、相互理解がない状況のなか、西欧的近代の衣をまとったヒンドゥー教徒のインテリのほうに自分の立脚点をおくことは糾弾されるべきことではないのかもしれない。それほど、問題は複雑なのである。

また、本書で何度も指摘してきたように、インド学がサンスクリット語文献を中心とした研究にかたよってしまっていることも大きく関連する。そのために、インドの少数民族研究などはまったくインド学の視野にはいってこない。まさに「アンタッチャブル」な領域である。したがって、中根を糾弾する少数民族側の立場などはあらわれる素地がなく、このバイアスの根は深い。

低カーストの人々が高位カーストの儀礼や慣習を模倣することを「サンスクリット化」（後述）と呼んで、インド社会を研究する人々の重要なキー・ワードとなっている。しかし、ほかならぬインド研究者のサンスクリット化はほとんど議論されることはない。もちろん、サンスクリット語を研究している人がサンスクリット研究にかたよるのはいたしかたない。だれもこのことをせめることはできない。しかし、こうしたサンスクリット化がサンスクリット研究とは分野のことなるインド研究者に広がっているだけではなく、のちに述べる「インド稲作文化異質論」のように、直接インドをフィールドとしない自然科学者にもおよんでいるのにはおどろかされる。

さらに、中根は宗教について「高度な宗教がその社会に定着したということは、未開から文明への重要なメルクマールとなる」（中根 一九九〇、九九頁）として、キリスト教のみならず、仏教、ヒンドゥー教を高度な宗教と位置づけ、つぎのようにいう。

> また仏教やヒンドゥ教に培われた文化というものが、いかに高度な、そして強力なものであるかは、次の例によってもよくわかる。インド辺境にはキリスト教の宣教師たちが活躍しているが、アッサムの、ある未開民族の社会では、十年間に百名あまりのキリスト教改宗者を出したというのに、ラマ教徒やヒンドゥ教徒のいるヒマラヤでは、その熱心な伝道にもかかわらず一人の宣教師が三十年間にたった二人をキリスト教徒にしたという状態である。（中根 一九九〇、一〇一頁）

「未開民族」はキリスト教に改宗しても、未開の血があらわれ、「ラマ教徒やヒンドゥ教徒」はキリスト教に容易には改宗しないぐらい高度な宗教である、というのが中根の主張である。中根にとって、高文化と高度な宗教はほとんど同意語である。そして、高文化の洗礼を受けて何百年も経った民族との接触は安心でき、高文化化していない民族との接触は一つまちがえると、「彼らのたけり狂う本能の餌食にならなければなら」ず、「少しも休めることのできない神経と、想像力を使っていなければならない緊張感」（中根 一九九〇、九九頁）が必要だったという。

「未開／文明」という二分法では、キリスト教、仏教、ヒンドゥー教はいずれも「文明」側にならべられ、「文明」側の宗教は同じぐらい高文化に属する。中根は自らを「文明」側に立脚させ、無知蒙昧の「未開」側への警戒をしめしている。こうした図式からいえるのは、「未開」と「文明」の邂逅は「未開」を「文明」に引き上げてこそ可能だ、ということになる。しかし「未開の血」はなかなかけすことができず、「精神生活の浅薄さが感じられ」る以上、中根は「未開」と「文明」はいつまでも平行線とみている。先に引用した中根の発言から、私にはそう読みとれる。

この中根の図式から、第Ⅰ章でみた、あのサイードの『オリエンタリズム』（サイード 一九九三）が想起される。サイードはいう。「オリエンタリズムは「東洋（オリエント）」と（しばしば）「西洋（オクシデント）」とされるものとのあいだに設けられた存在論的・認識論的区別にもとづく思考様式」であって、「オリエンタリズムとは、オリエントを支配し再構成し威圧するための西洋の様式（スタイル）」であると。この「東洋」や「オリエント」を「未開」に、「西洋」を「文明」に置き換えると、中根の立場がうきぼりとなる。「未開」はいつまでも「文明」になれないし、「東洋」はいつまでも「西洋」になれない。まさしく「存在論的・認識論的区別」にほかならない。

私は第I章では「東洋／西洋」という二分法そのものに異議をとなえてきたが、サイードの「オリエンタリズム」それ自体を否定したつもりはない。むしろ、先の中根の発言からは「オリエンタリズム」と批判された「支配し再構成し威圧するための」様式を、さらに強化するような立場が存在することで、サイードの正当性をいやがおうでも認識させられた。そんな思いだ。少数民族研究といいながらも、私とは対極をなす立場が中根のそれなのである。

では、少数民族を「他者」として、「支配し再構成し威圧するための」文明の様式を堅持する立場ではなく、多元的な視野で、少数民族研究を包含したインド研究を確立するにはどうすればいいのだろうか。少数民族側からの視点を導入すること、いくつもの「自己」を発見し、自己相対化をはかること、この二点が重要である。そこで、つぎに、私が一九八四年以来、関わってきた少数民族、ムンダ人による「自己／他者」の二分法を紹介しておこう。

「未開／文明」から「アブ（われわれ）／ディク（よそもの）」へ

ムンダ人は、ジャールカンド州（二〇〇〇年十一月に成立）のラーンチー県から旧シンブーム県にかけて集中的に住んでいる。かれらは農業を生業とする農耕民族で、おもに稲を生産している。かれらの言語はムンダ語と呼ばれ、系統的には東南アジアのモン＝クメール諸語と親族関係をもつ。インドに東南アジアから稲作をもたらしたのはこのムンダ人の先祖たちだと、私は推測している。

このムンダ語にも、「自己／他者」の二分法がある。それが「アブ」（われわれ）／ディク（よそもの）」だ。「アブ」とは一人称複数のうち、聞き手をふくむ包括形である。ムンダ語には「われわれ」という場合に、聞き手をふくむ包括形（あなたと私たち）「アブ」と聞き手をふくまない排他形（あなた以外のかれらと私たち）「アレ」の二形がある。排他形とは耳なれぬ表現だが、日本語にも「手前ども」（一人称複数だが、聞き手はふくまれていない）という同様の表現がある。一方、「ディク」とは多義語で、ヒンドゥー教徒、ヒンディー語、ムンダ人以外のよそものなど、一般的な「他者」、あるいは「他者」が使用する言語をさす。ただし、すべての「他者」が「ディク」と呼ばれるわけではない。ヨーロッパから来た宣教師たちは「サヨブ」と呼ばれ、イスラム教徒は「トゥルク」と呼ばれる。かれらは「ディク」と区別されている。

さて、ここで問題とするのは、どこまでが「アブ」の領域なのかではなく、「ディク」をどうみるかである。結論からいえば、否定的なみかたと肯定的なみかたがある。大多数の村に住むムンダ人にとっては、前者のほうが一般的だ。かれらは「ディク」をどうみているのだろうか。それを知る手がかりがある。それは、村のムンダ人がよく使う、つぎのような格言だ。

「ディクの目は犬の目」

これだけではどういう意味なのか、よくわからない。村に住むムンダ人をつかまえて聞いてみると、こう説明するだろう。

「ディクの目は犬のような目をしているということだよ。犬というのはどんな動物か、わかるだろう。弱いものには吠えて威嚇するが、強いものにはしっぽをまいて逃げだす。ようは信用がおけないということさ」

と。それが一般的な説明なのである。


ところが、都会で教育を受けたムンダ人は「ディク」を否定的にみるのではなく、自ら「ディク」になるべく努力する。かれらは教育を受けることによって、ヒンドゥー社会のヒエラルキーも当然学習することになる。そうすると同時に、国政上、ムンダ人が分類されている「指定部族」は、ハリジャンと呼ばれる「指定カースト」とともに、カースト・ヒンドゥー的立場からは最下層に位置づけられていることをも知ることとなる。そうした最下層から脱却するために、自らを「ディク」とみなすのである。

具体的には、まずムンダ語はすてて、ヒンディー語を日常語とする。また、カースト・ランキングをあげるために、高カーストに属すクシャトリヤ・カースト出身であると称し、高カーストだけにゆるされるジャネウーと呼ばれる聖糸を肩にかけるようになる。姓名もディクのように、クマールやシンといったヒンドゥー名をミドルネームにつけ、ラームやクリシユナといったヒンドゥーの神様名をつけるのである。

実は、インド社会ではこのように高カーストの慣習などを模倣することはめずらしくない。インドの社会人類学者M・N・シュリーニヴァース（一九一六—九九年）が一九五〇年代に最初に提唱して以来、それを「サンスクリット化」と呼ぶ。本書は一貫して、サンスクリット＝インド文化という概念に反対してきたが、「サンスクリット化」という名称もこうした図式を反映している。しかし、ここで問題とするのはそのような図式ではない。重要なのはこの「サンスクリット化」はカースト・ヒンドゥー的立場からの呼び名であって、ムンダ人からの見方とはまったくちがうということだ。ムンダ人たちはこういう人たちを「ディクになってしまった」、つまり「ディク化」したとみなす。高カーストの模倣という、一つの現象をどこからみるかで、概念化するタームがことなる典型的な例である。「ディク化」という現象は、従来のカースト・ヒンドゥー的立場からはとらえることはできないし、ましてや「文明／未開」という二分法で「文明」側に立っていては、決してみえてこない。

ムンダ語で「自己／他者」をしめす「アブ／ディク」の二分法から、二つのことがいえる。第一に、ムンダ人のなかに、アンビバレンツな対極的反応がみられることだ。村に住む伝統的とみなされるムンダ人たちは、「ディク」を「他者」とみなし、信用がおけない人々として警戒する姿勢がみられる。一方、都会で教育を受けたムンダ人たちは、もはや「ディク」は「他者」ではなく、「自己」変革の理想的なモデルなのである。ここで、村と都会の二分法で対極的な反応を代表させたが、実際には、それぞれ個人のなかにも、あるときは警戒する「ディク」がいて、あるときはあこがれる「ディク」がいる。このような複雑な反応がみられるのである。

対極的反応という傾向は「東洋／西洋」の二分法でもある程度当てはまる。「西洋」を「他者」とみる視点と「西洋」を「自己」変革の理想的なモデルとみる視点が同居しているのは、ごく一般的である。たとえば、われわれ日本人のことを考えるとわかりやすい。また、「西洋」が「自己」である立場からいえば、「他者」である「東洋」を「自己」変革のモデルと考えた人々がオリエンタル・ルネッサンスをつくりだしたといえるのではないか。

第二に、インドにはいくつもの「自己／他者」が存在することである。周知の通り、インドはカースト社会だ。カーストといっても、日本の教科書で習うバラモン・クシャトリヤ・バイシャ・シュードラといった四姓制度をさすのではない。「生まれ」を意味するジャーティと呼ばれる、二千以上はあるといわれる職種ごとのカーストである。また、カースト制度に組み込まれていない少数民族もそれぞれがジャーティとみなされている。そして、これらジャーティがそれぞれ「自己／他者」の区別をおこなっていて、その総体がインドということになる。そこに共通の「インド人」をみいだすことは、ほとんど不可能に近い。「西洋」が「インド」を「他者」とみなし、一つの「インド」像を築き上げてきたことはまちがいない。ところが、「他者」である「インド」にはいくつもの「自己」があって、一つの「インド」像に還元できない多元的な世界なのである。

ここまで、ムンダ人にとっての「自己／他者」二分法をみてきた。中根が提示した「未開／文明」という二分法とはかなりことなった二分法であることが、おわかりいただけたのではないだろうか。「アブ」がいつのまにか「ディク」になろうとする。こうした見解は中根の二分法である「未開／文明」には、決してみられなかった。

二　私のムンダ語・ムンダ文化発見

ムンダ人の農耕文化

ここでは、本書を総括しながら、私が調査研究対象とするムンダ人について述べてみたい。

本書の出発点はウィリアム・ジョーンズと、インドのカルカッタ（現コルカタ）にジョーンズによって創設されたベンガル・アジア協会の活動だった。そこでは、西洋におけるサンスクリット語の発見、そしてそれが印欧比較言語学へと発展していくことをみた。カルカッタで上がったサンスクリット語発見ののろしは、またたくまにヨーロッパに広がり、オリエンタル・ルネッサンスの華をさかせることになる。こうして印欧比較言語学が成立すると、そこから印欧祖語という概念が生まれる。ところが、理論的産物にすぎなかった印欧祖語が再建という手続きによって、実体をもったものとなっていく。その実体を吹き込んだのが言語学的古生物学と呼ばれる学問である。こうして実体をもった印欧祖語の話し手たちはアーリヤ人として、特定の文化や民族、人種と関連したかたちで、ヨーロッパを席巻することになる。それがインドに逆流して、「アーリヤ人侵入説」が生まれ、今日にいたっている。

しかし、近年の考古学のめざましい発達によって、「アーリヤ人侵入説」には数々の疑問点があることがあきらかになった。とくに、一九九〇年代以降、ヒンドゥー・ナショナリストたちが台頭するなか、「アーリヤ人侵入説」はヒンドゥー・ナショナリストたちの攻撃目標となっている。ヒンドゥー・ナショナリストたちの主張の是非はともかく、「アーリヤ人侵入説」をめぐる数々の問題点が訂正をせまられていることは事実だ。二十一世紀をむかえたいま、「アーリヤ人侵入説」の訂正を真剣に考えるべきときであることはまちがいない。

この「アーリヤ人」問題のうらには、インド学がはらむ重大な欠陥がある。それはインド学が対象とするおもな文献はサンスクリット語文献であり、そのサンスクリット語文献が描く世界をもってインド文化とみなす点だ。西洋中心主義的な「アーリヤ人」理解が重大な誤謬をはらんでいたように、サンスクリット語中心主義的な「インド」理解にも重大な欠陥がある。

本書のなかで、私はヨーロッパでの「アーリヤ人」形成史を述べながら、それと並行して、「西洋／インド」という対立では語れない、多元的な「インド」が内在されていることを指摘してきたつもりである。「サンスクリット語」で発見できる「インド」もあれば、私のように、「ムンダ語」で発見できる「インド」もある。そこに、「サンスクリット語」の方が「ムンダ語」よりもカーストが高いといった視点がどうしても入りがちなのも、インドにおける「サンスクリット化」が内包する「危険性」である。こうした「危険性」を考慮に入れながら、多元的な世界の一翼をになうという意味において、「サンスクリット語」にも

「ムンダ語」にも同等な地位を与えてこそ、あたらしい「インド学」に生まれ変わることができるのではないか。そういう思いで本書を執筆してきた。

それでは、私の「ムンダ語発見」を簡単にふりかえってみたい。一九七八年二月、北海道大学探検部の「インド部族民調査隊」の一員として、狩猟採集を生業とするビルホル人のところへ、インドのラーンチー大学人類学科の大学院生とフィールド調査に出かけた。それが私のはじめてのインドとの遭遇であった。ビルホル人はムンダ語と近い言語を話す少数民族で、その人口は千人をきる。あれから長い歳月が経つが、あのときの衝撃はいまだにわすれられない。

というのも、狩猟採集を営む人々は、いわゆる文明を知らない、人里はなれた人跡未踏の地に住むものだと思い込んでいたのだが、ビルホル人たちはカメラもテープレコーダーも知っていて、バスの走る道路を歩きながら、森に狩猟へと向かう。文明人の勝手な想像とはいえ、文

1986年２月、ムンダ人一番の唄い手だった故カンデ・ムンダ氏（中央）とそのご家族

明がもつ便利さを知ってしまえば、かならずその虜になり、文明の利器を謳歌するものだ、という思い込みがいっぺんでふきとんだ。電気もバスも知っているビルホル人は、なぜ文明生活を拒否し狩猟生活をつづけるのか。帰国後も、その問いがあたまをなんどもかけめぐった。

その当時、私は理学部地質学鉱物学科に所属していたが、その疑問をどうしても追究したくなって、理学部から文学部に転部することを決意する。最初は文化人類学をめざしたが、当時文化人類学を学ぶ専攻課程はなく、言語学を学ぶことになったのである。一九七八年十月のことだ。そして、文学部の言語学専攻課程で、ウィリアム・ジョーンズが言語学の創始者だと習うことになる。それは第I章の冒頭で述べた。

ヒンドゥー教のインドや、あるいはサンスクリット語文献のなかのインドと、最初に出会っていたら、本書は生まれていなかったかもしれない。最初の遭遇がビルホル人というムンダ語族に属する言語の話し手であったことは、私のインド観が一般の「インドびいき」とは入口からまったくことなっていたことを意味する。それが結果的に、インドの多元的世界を強調する本書の端緒をつくったのである。

文学部に転部してからは卒論でムンダ諸語の数詞をあつかい、修士論文ではムンダ語族のなかで話者人口が八百万をほこるサンタル語の史的音韻論をあつかった。そして、一九八四年七月から一九九〇年十月まで、六年以上にわたる留学中、ムンダ文化との接触を通して、日本と共通する「農耕文化」をムンダ文化のなかに発見することになる。

ムンダ人の村での稲干風景（ジャールカンド州ケオラ村）

こうした「ムンダ語発見」にはじまって、それが日本との文化的類似の発見へむかうことは、ジョーンズたちがサンスクリット語からヨーロッパ文化の始源としてのインド文化へとむかったことと共通点がある。その「ムンダ農耕文化」に関する成果は、一九九五年に刊行した『ムンダ人の農耕文化と食事文化　民族言語学的考察――インド文化・稲作文化・照葉樹林文化』と二〇〇〇年に刊行した『ムンダ人の農耕儀礼　アジア比較稲作文化論序説――インド・東南アジア・日本』（いずれも国際日本文化研究センター）としてまとめた。

日本の稲作文化とムンダ人の農耕文化がいかに類似しているか。それは本書のテーマではない。そちらに興味のある人は拙著を参照していただきたい。また、このテーマについてはこうした専門書ではなく、今後一般読者を対象とした本を執筆する予定である（しかし二〇二四年時点でその機会はない）。ここでは本書のテーマにそくして、インドがいかに多元的な世界をもっているか、それを指摘するにとどめる。

さて、インドは小麦を中心とした農耕文化と乳製品を多くふくむ食事文化だと一般に考えられている。しかし、小麦だけではなく、米も雑穀も栽培されている。インドの西半分は小麦、東半分は米、そして南インドでは雑穀と米がそれぞれ栽培されている。これは一九九五年の拙著で詳細を述べたのだが、稲作についていえば、ムンダ人の祖先が東南アジアからもちこんだことはほぼまちがいない。

一方、食事文化についていえば、乾燥固型ヨーグルトであるパニールやギー（おもに水牛の乳から作るバターオイル）はインド料理に欠かせないものである。しかし、ムンダ人はこうした乳製品をまったく摂取しない。農耕や食事といった基本的な生活様式からして、ムンダ人たちはインド・アーリヤ諸語の話し手たちの文化とはことなっているのである。

実は、インドが多元的な世界であることは、どんな概説書にも書かれている。ところが、その多元性の実体となると、言語の相違や宗教の相違が羅列して述べられるだけである。独立後、インド国民会議派が好んで使用したスローガン、「多様性のなかの統一」は、あくまでも「統一」に重きが置かれ、「多様性」の実体には話がおよばない。それが証拠に、インドとは統合の象徴にすぎず、実体のない概念で、それぞれの多元的な世界があるだけであるといった言説は、寡聞にして知らない。「統一」の実体、それがサンスクリット語を父とするインド・アーリヤ諸語であり、ヴェーダを母とするヒンドゥー教であり、「アーリヤ人」の文化なのである。

残念ながら、本書には紙数に限りがある。南インドのドラヴィダ文化に言及することができなかったし、インドの多元性の実体に踏み込めたとはとてもいえない。しかし、これまでのインド学の限界を提示することはできたのではないか。そう自負している。そしてもう一つ、こうしたサンスクリット語文献の世界＝インド文化という図式が自然科学の分野にも入り込んでいることを指摘しておきたい。

インド稲作文化異質論

　これまではインド学のバイアスを問題としてきた。ところが、インド学以外にも、サンスクリット語文献をもって、インド文化とみなす例がある。それが、ここに紹介する「インド稲作文化異質論」である。「インド稲作文化異質論」は、照葉樹林文化論の提唱者である民族植物学者、中尾佐助（一九一六―九三年）の提案による。また、中尾の後継者で国立民族学博物館の館長をつとめた佐々木高明（一九二九―二〇一三年）も「インド稲作文化異質論」を展開している。

　中尾佐助は『稲作文化――照葉樹林文化の展開』（上山春平・渡部忠世編、中公新書、一九八五年）のなかで、「稲作文化圏からインドをはずす」ことを提案し、「インドの農耕文化複合はむしろ麦作文化に属しておる」（二四頁）とした。そして、「インド稲作文化異質論」を支える具体的なデータとして、「インドには酒がない。シトギ（＝米の粉をねったもの）がない。餅がない。脱穀のやり方がちがう。稲の儀礼的な重要性がない」等々をあげている。しかし、ここにあげられたものは、ムンダ人のケースにはあてはまらない。「ない」といわれているものはすべて「ある」し、稲の儀礼的な重要性は高い。そのことは先述した拙著二書で、詳細に検討しているので、興味がある方はそちらをみていただきたい。

なぜこのようなムンダ人の例を無視して、「インド稲作文化」が議論されるのか。そして、かれらがいう「インド稲作文化」とは、何をもってインドの稲作文化とみなしているのか。それはつまり、サンスクリット語文献をもって「インド稲作文化」と、中尾や佐々木はみなしているのである。それが証拠に、先にあげた「ない」ことの根拠はたいてい「ヴェーダ」には記載がないというものである。つまり、フィールドワーカーであるはずの中尾や佐々木はサンスクリット語文献をもって、「インド稲作文化」を代表させ、その記述が東南アジアや日本の「稲作文化」とことなることから、「インド稲作文化異質論」を提案し、展開しているのだ。文献学者がこう指摘するのならまだしも、稀代のフィールドワーカー中尾佐助がこう主張するのだから、「サンスクリット語文献＝インド文化」という等式がこんなところにまで浸透しているのか、と愕然とする。問題は深刻だといわざるをえない。

インド学はサンスクリット語文献に描かれた世界だけをインド文化とみなしてきた。本書はそのことをいくどとなく問題視してきた。しかし、その影響が本来自然科学のデータであるはずの稲作文化の要素にまでおよんでいるとは、だれも想像すらしなかったのではないか。本書のテーマから、はずれたように思える「インド稲作文化異質論」を紹介したのは、「サンスクリット語文献＝インド文化」という等式がインド学とはまったくことなった学問分野にまで広がっていることを指摘しておきたかったからである。

こうした等式のあやまりを指摘するためには、サンスクリット語文献以外の世界を紹介していくしかない。サンスクリット語文献に対抗する、ムンダ語口承文芸から描きだされるムンダ文化やフィールドワークにもとづくムンダ農耕文化については、残念ながら、とうてい本書にはおさまりきらない。インドの多元的世界の一つ、ムンダ文化については後日まとめてみたい。ムンダ文化の全貌があきらかになる日には、インドの多元的世界の実体に一歩近づくことができるにちがいない、と私は信じている。

「新インド学」への道

本書の副題は「新インド学入門」である。ここまでおもに、旧来の「インド学」の問題点について、その成立にさかのぼって指摘してきた。しかし、これまでの「インド学」を批判するだけでは、とても「新インド学入門」とはいえない。また、第Ⅴ章では、従来の「インド学」が無視してきた少数民族の文化として、ムンダ文化を紹介してきたが、それとてほんの一端にふれたにすぎず、とても十分だとは思えない。私が考える「新インド学」とは、どんな学問なのか。「新インド学」は旧「インド学」とどうちがうのか。そういう疑問に答えるべきではないか。しかし、といって、新旧「インド学」の方法論のちがいを列挙しようとは思わない。そうした高度に専門的な相違点をならべたところで、読者が混乱するだけであって、新しいインド像がみいだせるとも思えない。そこで、新旧「インド学」が基本とするインド観のちがいを二項対立的に描くことで、この疑問に答えたいと思う。いわば、私の「新インド学」への道を提示して、本書を締めくくりたい。

㈠「あるべき」インドから「ありのままの」インドへ　大学時代、探検部員だった私が愛読した本に、全国の探検部創設に大きな影響を与えた梅棹忠夫（一九二〇―二〇一〇年）の著作がある。『モゴール族探検記』（岩波新書、一九五六年）や『サバンナの記録』（朝日選書、一九七六年）をむさぼり読んだものだ。その梅棹の『文明の生態史観』（増補新版、中公文庫、二〇二三年、初版は一九六七年）のなかに、梅棹の生態史観を説明した、こんな一節がある。「それ（生態史観）は、ザインの話であって、ゾレンの話ではないのでありますす」と。この梅棹の影響からか、ドイツ語のゾレンとザインをお題目に唱えながら、「あるべき」姿ではなく、「ありのままの」姿を、とスローガンに掲げて、インドへ向かったことを想い出す。はじめてカルカッタの街角を散歩したとき、路上生活者やヒンドゥー寺院でお祈りをする人々をみて、「ディス・イズ・インディア（これがインドだ）」と叫んでいる欧米からの旅行者をよくみかけたが、あらかじめ想像された、こう「あるべき」インドを発見する旅だけはしたくないと思ったものである。それとともに、願わくば、いつか「ありのままの」インドについて何かまとめることができれば、と小さな野心が芽生えたことが、恥ずかしさとともによみがえる。

あれから長い月日が経った。しかし、この標語はいまも有効であると私は信じている。本書のテーマにそっていえば、とくに、欧米に行ってサンスクリット語文献を読むことで、インドに一度も足を踏み入れることがなくても学べる「インド学」は、最初から「ありのままの」インドを視野には入れていない。どのようにすれば「ありのままの」インドを描くことができるのか。その答えのいくつかを後述する㈡から㈤で用意したが、それで十分だとは思わない。大切なのは、その答えを求めつづけること、それが「新インド学」への道ではないか。はじめてのインド行以来、ずっとそう思いつづけている。

㈡「テキスト」で読むインドから「コンテキスト」で読むインドへ　今あげた㈠はスローガンにすぎないという批判が当然おこるであろう。そこで、もう少し具体的な「新インド学」への道がこの㈡である。旧来の「インド学」がサンスクリット語文献に依拠していることは本書で繰り返し指摘してきた。また、古典タミル語なども視野に入れて、文献学としての「インド学」は確固とした地位を確立してきた。この「インド学」を超えるためには、まず文字に書かれた「テキスト」の世界ではなく、それぞれの地方の話し言葉を修得することで浮かんでくる「コンテキスト」に注目する必要がある。「新インド学」のためには、現地の「コンテキスト」を理解すること、そしてその理解のために、日常最低限の話し言葉の修得が不可欠である。

この提案には、二つの批判が想定できる。一つは、「テキスト」の世界からでも「コンテキスト」は十分理解できるという批判、もう一つは、現地の話し言葉を知らなくとも、英語だけでも「コンテキスト」は理解可能であるという批判である。前者については、確かに「テキスト」を丁寧に読み込むことでわかる「コンテキスト」もあるだろう。しかし、それは「テキスト」が書かれた時代や「テキスト」の作者が描き出す「コンテキスト」であって、いま現在のインドの「コンテキスト」ではない。また、英語でも十分だという指摘に対しては、英語だけでも十分理解できる「コンテキスト」があることは認めるが、大多数の英語が話せないインドの「常民」(柳田國男が使用する意味で)を切り捨てることになりかねない。そして、その「常民」こそが「新インド学」の対象になりうるのではないか。そう考えると、やはり地域の話し言葉を修得するのは必要不可欠ではなかろうか。

(三) 演繹的モデルとしてのインドから帰納的に導かれるインドへ

これまでの「あるべき」インドや「テキスト」が描くインドは、「悠久の大地」や「神秘の国」といったモデルを提供してきた。その演繹的モデルにあったデータを現実のインドから探すことはたやすい。つまり、「テキスト」を読むことで提示されたインド像は、いわば演繹的モデルとして、「インド学」を支配してきた。しかし、「新インド学」では「ありのままの」インドから出発して、データを帰納的に導くことによって、新しいインド像を模索する。本来、帰納的に導かれたモデルの方が演繹的モデルよりも、データが網羅的であれば、より科学的根拠にもとづく説得力のあるモデルとなるはずである。ところが、インドにおいては、この網羅的なデータを集めるのに肉体的・精神的苦痛をしいられる。

第I章で述べたように、私は六年以上にわたる留学中に、マラリア、腸チフス、そして赤痢に、劇症肝炎と、想定しうるほとんどの感染症に罹(かか)った。また、ガス・電気・水道が完備していない環境で、しかも五月六月には四十度を超す炎天下のなか、データ収集に不可欠なフィールド調査をつづけることは、私のように体力があって鈍感でにぶいか、並大抵ではない強い意志をもたないと困難である。さらに、受け入れ国のインド政府も、外国人が自由にフィールド調査することをなかなか許さない。「新インド学」への道は長くて険しい。ここに研究環境が整った欧米で、サンスクリット語文献と格闘する「インド学」が綿々と存続してきた理由がある。

しかし、裏を返せば、劣悪な環境で「ありのままの」インドを、現地の「コンテキスト」にもとづいて帰納的に提示されたインド像は貴重である。ムンダ人の農耕文化や農耕儀礼について、前述した拙著のなかで、私は帰納的な研究手法を心がけたが、どこまで成功したか、心もとない。その成否は識者にゆだねるとして、今後も「ありのままの」インドを「コンテキスト」にもとづいて帰納法によって探究し、「新インド学」への道を追求していきたい。

㈣　階層順位的インド観から等価値的インド観へ　㈠から㈢はインドだけにあてはまるものではない。程度の差はあれ、どんなフィールドにおいても共通する。ところが、階層順位的、つまりカースト的な視座はインド特有のものとまではいえないにしても、インドにおいて根が深い。私はインドのカースト制度をなくそうと提案しているわけではない。カースト制度全廃を叫ぶだけでそれがなくなるはずもなく、外国人の私にできることは限られている。

私が指摘したいのは階層順位的インド観が学問の世界にも浸透していることである。バラモンを中心とした高位のカーストに属する人々がサンスクリット語文献を書き残した以上、その文献に依拠する「インド学」はバラモン中心的である。また、この章で述べた中根千枝のように、「文明」を高位に、「未開」を低位に位置づけることは、これまでもしばしばみられた。一方、階層順位の高低を逆転させたインド観もある。「インドの乞食は目が澄んでいる」とか、「スラムにこそ本当のインドがある」とか、カースト制度の底辺にいる人たちが最高で、高カーストに属する人を抑圧者とみなす図式だ。カースト制度への反発から、こうした逆転階層順位的インド観が生まれやすいことはよく理解できるが、このインド観も私は排したい。

本書で繰り返し指摘してきたように、高カースト出身のヒンドゥー教徒も、イスラム教徒も、カースト制度の底辺に追いやられた人々も、新興高級住宅街の住民も、スラムの住民も、少数民族であるムンダ人も、それぞれがインドを形成する一員として、等価値にみていく。それが「新インド学」への道なのである。

㈤　単一的インド観から多元的インド観へ　この㈤は本書で一番強調してきた点である。すなわち、サンスクリット語文献＝ヒンドゥー教＝インド文化という「単一的インド観」を乗り越えて、多種多様な「多元的インド観」を確立することを、私は本書で訴えてきた。「文明」という大義名分のもと、「遅れた」文化は「文明」を受容することで発展・進歩していく。そのことを暗黙の了解とする「進化」や「発展段階」的図式を、いかに体系的に構築するか。二十世紀に入ってから、学者たちはずっとそのことに専念してきた。この図式にならって世界を捉えることが、一般的だった。

しかし、一九九〇年代に入ってから、ことなった文化や言語を「発展」や「進化」させるのではなく、「共生」させることをめざす多文化主義や多言語主義が叫ばれるようになってきた。これは生物の多様性や消滅の危機に瀕した言語をどのように保護していくべきか、といった議論と軌を一にしている。つまり、「発展」や「進化」を求めたあげく、文化や言語の多様性がなくなり、世界がより画一化されつつあるという現実を眼前にして、それにブレーキをかけるという意味で、多文化多言語主義が力を増してきたのである。

ところが、インドは相変わらず「多様性のなかの統一」をスローガンに、統一を重視している。このことは、逆説的にいえば、インドにおいてはまだ多様性が守られていて、国民国家統合のためには「多元的インド観」よりも「単一的インド観」が必要だということなのかもしれない。しかし、グローバリゼーションの勢いは止まりそうにない。インドもIT産業などを通して、その波をもろに受けている。現実のインドは多様性が守られているのだから、統合の象徴としての「単一的インド観」の方がずっと大事なのだ、といった悠長な議論にはとてもならない。多様性が守られている今こそ、世界的な多文化共生時代にふさわしい「多元的インド観」が必要なのではなかろうか。

ここまで「インド学」の過去や現在を語るだけで、「新インド学」の未来を述べることができなかった。最後に掲げた五点をもって、「新インド学」の未来への展望としたい。なお、この五点の説明が紙幅の関係で、率直にいって、若干言葉足らずの面もあるが、その点は今後の課題としたい。荒削りではあるが、この「新インド学」への道の提示をもって本書を終えることとする。

補　章　出版二十年後に

今日の「インド学」と「新インド学」

本書『アーリヤ人の誕生』の原本、『新インド学』が出版されて二十年以上が経つ。その間にいろんなことが変わってしまった。とくに、文系の学問をめぐる状況は激変した。つまり、昔からあるインド学の存続すら危なくなってきたのである。学問状況については後述するが、「インド学」と「新インド学」の関係について、今一度述べておきたい。

本書を読んで、旧来のインド学に対抗した挑戦的な書だと感じた方も多いかもしれない。じつは、本書の執筆時に意識していたのは、旧来のインド学ではない。念頭にあったのは言語学史である。だからこそ、本書冒頭で「言語学の誕生」をとりあげた。十九世紀の比較言語学偏重から現代の言語記述や言語構造に注目するようになる画期を生み出した人がいる。その人とは第Ⅰ章の「ウィリアム・ジョーンズと言語学の誕生」で言及したフェルディナン・ド・ソシュールである。通時と共時という概念を導入し、それまでの言語研究が通時的研究に偏っていることと、共時的研究の重要性を指摘したのである。ここで重要なのは通時的研究を否定や非難したわけではないということだ。通時的研究とともに共時的研究も同時におこなっていくべきだという立場だ。二つの研究はいわば車の両輪の関係なのである。

筆者はインド研究に、ソシュールが導入した通時・共時という概念を当てはめたにすぎない。つまり、通時的研究がインド学であり、共時的研究が新インド学をさす。決してインド学を告発して、新インド学が真に正統なものだとは主張していない。旧来のインド学がサンスクリット語文献を読んで、古代インドの宗教や哲学の実態に迫ろうとしたり、『リグ・ヴェーダ』や『マハーバーラタ』を文学作品として紹介することは、称賛されこそすれ、非難する対象ではありえない。この点は強調しても強調しすぎることはない。

「インドのことはすべてサンスクリット語文献で理解できる」、筆者が問題としたいのは、インド学以外でのこの手の思い込みである。たとえば、偉大なるフィールドワーカーであり、民族植物学者であった中尾佐助は、インドに「酒がない。シトギがない。餅がない」(本書一九九頁)と指摘する。その根拠はかれのフィールド体験ではなく、サンスクリット語文献に求められている。そういった態度に異議をはさんだだけである。インドの農耕文化を論じるのであれば、サンスクリット語文献に記載があるかどうかではなく、共時的なデータを網羅すべきだろう。現にムンダの農耕文化には「酒もシトギも餅も」存在する。

旧来の「インド学」はサンスクリット語文献を読むことからスタートする。サンスクリット語を読むためには、ある程度の修行期間がどうしても必要である。かつての先生の中には、スパルタ教育と称して、暴力的な修行を強いる方がいたことも事実だが、こうした先生はパワハラで糾弾される世の中になった。もちろん、暴力的な修行を肯定する気はさらさらない。私自身は、ムンダ語などという誰も教えてくれない言語をフィールドで学んだが、それも先生から学ぶというスタイルが自分には合わないと判断したからだ。

フィールドで言語を習得するにしても、サンスクリット語文献を読むために修行するにも時間がかかる。このように時間がかかることは、今の大学が推し進めている即戦力が要請される教育にはそぐわない。しかも、サンスクリット語文献が読めるようになったからといって、すぐに社会の役に立つわけではない。ましてや大学のポストを得るまでには、さらに時間を要する。まず修士課程二年、そして博士論文を書くまで早くて三年、時に五年以上かかる場合もある。そして、ようやく研究者として独り立ちするのである。一方、筆者のように六年以上もインドに留学した人間は、日本のシステムにはなかなか適応しにくい。さいわいにも、筆者は国際日本文化研究センター（日文研）や総合地球環境学研究所（地球研）といった研究所に就職し、フィールドで学んだことを研究することができたが、これも五十以上の公募に応募したなかで、たまたま日文研と地球研に拾ってもらったにすぎない。ほとんどの公募に落とされ続け、地球研の任期が切れた後、いくつかの大学の公募に応じたがすべて不採用だった。それが現実である。

いまや文献だけを読むインド学を批判している場合ではない。インド学そのものが潰されかねない状況を、もっと真剣に憂う時代になった。インド学の繁栄があってこそ、新インド学が生きるのである。そこをぜひ強調しておきたい。

人文系学問の危機

大学はすっかり変わってしまった。

役に立つ大学教育を推し進めてきた結果、人文系の学問への風当たりがきつい。また、大学の経営委員会の力が強くなり、人気のある志望者の多い科目が偏重され、志望者が少なく定員割れをおこした科目はいつ潰されてもおかしくない。それに呼応して大学教員の評価も理系の尺度が文系にも導入され、論文は査読されたものなのかどうか、掲載された雑誌が国際誌か大学の紀要か、等々の規準が文系にも適用されている。

理系の研究者がいかに文系学問に対し無理解であるか。私の経験した話で恐縮だが、地球研でおこなったプロジェクトを例に述べておきたい。

二〇〇三年、私は「言語学的手法による古代文明の生活環境復元の試み――インダス文明を例として」という名でプロジェクトを立ち上げた。地球研では、最初はインキュベーション研究（IS）、予備研究（FS）と段階を踏み、予備研究から本研究に進む際に、外部の評価委員会にかけて審査がおこなわれる。私のプロジェクトは二〇〇五年三月に評価委員会の審査があった。その当時、評価委員は国内委員が十名、海外委員が六名で構成され、零点から四点までの五段階評価で採点され、平均が二点あれば本研究に進むというものだった。海外委員がいるため、プレゼンは英語でおこなわれた。

プレゼンが終わると、評価委員からのコメントや質問がはじまる。冒頭に立ち上がった方が「君のプロジェクトをどこでやっていただいても結構だが、この地球研でやることは許さない」ときついコメントをすると、次から次と否定的なコメントが出た。これでは審査は通過しない。そう覚悟したが、案の定、最低点で落とされたのである。とても驚いたのは零点を付けた人が三人もいたことだ。文系ではまず零点を付けることはない。また、このインダス文明に関するプロジェクトを立てることと本書の元となった『新インド学』は密接に関わるものであるが、それも含めてリーダーがこれまでどんな業績をあげたかは問われることはない。評価委員会でのプレゼン一発勝負で評価される。文系ではまずありえない、この評価方法にも驚かされた。

地球研は人間文化研究機構に属し、文理融合をかかげた研究所である。だからこそ、言語学という文系の方法でプロジェクトを立ち上げたかったのだ。ところが、評価委員会には理系の方が多く、どうも「言語学的手法」というのが受け入れられなくて、これが評価を下げる原因だと後で知らされた。私はすでに地球研に採用されていて、プロジェクトを立てないで、そのまま地球研に所属することは考えられない。なんとか評価委員会を通過しなくてはいけない。そこで、翌年からはこの「言語学的手法」を取り下げた。そして理系的な要素を多く取り入れ環境問題を前面に押し出し、タイトルも「環境変化とインダス文明」と変えて評価委員会に挑んだ。

それが功を奏してか、かろうじて合格点をいただいたが、それでも「言語学者が環境研究などできるわけがない」と翌年にも零点を付ける海外委員がいた。それが地球研での評価の現実なのである。

二〇〇五年の評価委員会で落とされたのは、筆者の立てたプロジェクトだけでなく、もう一つあった。こちらも文系の方がプロジェクトリーダーだった。すでに地球研に採用されている人の内、評価委員会の審査によって、プロジェクトを立てられない状況になった人が二人いたことになる。つまり、地球研の人事委員会による採用と、評価委員会での審査がダブルスタンダードを生み出してしまった。そこで、これ以後はまず評価委員会での審査に通過した人だけが、地球研に採用されることになったのである。

二〇〇六年、晴れて地球研でプロジェクトを立ち上げることができた。ホッとしたのもつかの間、さらなる試練が待ち受けていた。評価委員だけでなく、地球研内部にも、プロジェクトに反対する人々がかなりいたのである。地球研では毎年十二月にプロジェクト発表会があって、それぞれのプロジェクトリーダーが研究の進捗状況を発表し、それに対する質疑やコメントが寄せられる。そこでのコメントは、我々のプロジェクトへの中傷といってもいいような大変厳しいものがあった。曰く、環境問題というのは産業革命以後の問題である。インダス文明の環境などは地球環境問題の対象ではない。若手の理系研究者はそう主張し、税金の無駄遣いだと即刻中止を要求する人までいた。

問答無用の切り口で、代案がしめされることもない。他のプロジェクトに関心はないが寛容ではない。今の日本を象徴するような批判に、反論さえもためらわれた。温故知新というではないか。環境問題にとって文明の盛衰は重要である。そんな月並みな回答は許さないといった雰囲気だった。こうした批判に対していつも擁護してくださったのは、当時の日髙敏隆地球研所長である。日高所長がいなければ我々のプロジェクトはなかったと思う。感謝しても感謝しきれない御恩を感じている。

紆余曲折があったが、プロジェクトはプレ研究一年、本研究五年を何とか終えた。その最終評価はというと、最高の評価を受けたのである。評価とはそういうものだ。客観的な評価などというのであれば、最初に零点を付けた評価委員の評価をこそすべきであろう。

理系の研究では、作業仮説を立てて、その仮説が妥当かどうかを検証する。地球研でのプロジェクトのほとんどがこのプロセスをとる。そこで重要なのが再現可能性である。あの「STAP細胞」のときも大きく取り上げられたが、再現可能かどうかが、その科学的研究の成否を左右する。つまり、まったく同じ条件下において、Aがやっても、Bがやっても、同じ結果がえられることが重要である。しかし、文系では再現可能性は問題ではない。柳田國男や吉川幸次郎の研究は、その再現性を誰も問題とはしない。再現可能性ではなく、かれらにしかできない研究をやること、つまり独創性にこそ大いなる評価がなされるべきである。

かれらの評価は、いうならば芸術家へのそれに近い。そして、その評価には当然ながら好き嫌いといった、きわめて主観的なものが混じったとしても不思議ではない。そのことをまず確認しておかなければならない。理系の評価基準をそのまま文系に導入することの問題点は誰も指摘しない。だから、あえてここで述べておく。

こうした文系の危機感はかなり深刻だ。理系の論理は文系を踏みにじり、文系への理解や尊重もない。私は理系研究者が多い研究所にいたこともあって、否が応でも、その現実をみせつけられてしまった。「言語学的手法」といわれて、「それやってみなはれ」とはならず、自分たちの信奉する科学的手法を守っていないとみなすや零点をつける。それが理系の論理なのだ。これは地球研だけの問題ではない。確実に、大学にも広がっている。

文系といっても、法学部は法律専門家として社会に貢献し、経済学部は日本の資本主義の屋台骨を支えている。役に立たないという尺度から非難されることは少ない。もっとも矢面に立たされているのが文学部だ。しかし、「井の中の蛙」よろしく、文学部だけしかみていないと、文系学問の危機などを感じない人も多い。それもまた、文系学問の危機をより深刻化させている。

モディー政権の十年――ヒンドゥー・ナショナリストたちの歴史観が教科書に

つぎに、インドの状況について、みていこう。

二〇一四年、インド人民党（BJP）によるモディー政権が誕生した。このインド人民党を支えるのがヒンドゥー国家建設をめざすヒンドゥー・ナショナリストたちである。第Ⅳ章で紹介した「ヒンドゥー・ナショナリズム」の台頭は一九九〇年代までのものだ。モディー政権下では、「ヒンドゥー・ナショナリズム」はますます強固になりつつある。つまり、ヒンドゥー国家建設の色合いが一層濃くなってきている。

すでに紹介したように、ヒンドゥー教の聖地アヨーディヤーにおいて、ヒンドゥー・ナシヨナリストたちによるラーマ神生誕地解放運動が激しさを増し、ついにはイスラム教のモスクが破壊された事件があった。一九九二年のことである。このときヒンドゥー教徒とイスラム教徒の対立は全土に広がり、約二千人の犠牲者を出した。しかし、この運動には続きがあった。モスクを破壊しただけではなく、このモスクの跡地にラーム（ラーマ神）寺院を建設することになったのである。二〇二四年一月、モディー首相が自ら出席してラーム寺院の落成式をおこなった。

本書に関連することでいえば、ヒンドゥー・ナショナリストたちの主張を大幅に取り入れた、歴史教科書の古代史の書き換えがおこなわれている。インダス文明という名は「シンドゥ・サラスヴァティー文明」という名に変えられ、実際、ハリヤーナー州やカルナータカ州などインド人民党が州政権を握っていたり、その影響力が強い州では、この名前で教科書に記載されている。「シンドゥ」とはインダス川のサンスクリット語名であり、「サラスヴァティー」とは『リグ・ヴェーダ』に出てくる川の名前だ。現在のガッガル川が古代のサラスヴァティー川だと考えられていて、ガッガル川流域には多数のインダス文明遺跡が存在する。

インターネットに掲載されているカルナータカ州の八年生（日本の中学二年生）の歴史教科書によると、ヴェーダの年代は紀元前三〇〇〇年までさかのぼると主張し、「シンドゥ・サラスヴァティー文明」はヴェーダ以後の文明だと書かれている。また、この文明がヴェーダそのものだと断定的に述べてはいないものの、ヴェーダや後のヒンドゥー教に通じるものであることが強調されている。ただし、インダス文字はヴェーダ知識、あるいはサンスクリット語で解読できるとまでは、歴史教科書には書かれていない。一般読者を納得させるだけのサンスクリット語での解読はおこなわれていないのが現状である。

「印欧祖語＝サンスクリット語説」および「印欧祖語インド故郷説」（インドでは人類の単一起源説である「出アフリカ説」をもじって「出インド＝アウト・オヴ・インディア説（OIT）」と呼ばれている）について、「ホックの反論は、模範解答である」（本書一七二頁）と本書で紹介し、それらが言語学的には成り立たないことをしめした。しかし、その後もヒンドゥー・ナショナリストたちは、繰り返しアーリヤ人の「出インド説」を主張している。ただし、こちらのほうは科学的に無理があるためか、さすがに教科書には出てこない。

ヒンドゥー・ナショナリストたちが主張する歴史観が、教科書にすべて反映されているわけではない。しかし、ヴェーダが五〇〇〇年前にまでさかのぼれるという主張は教科書に掲載されているので、今後インダス文字はヴェーダ時代のサンスクリット語で読めるといった記載がおこなわれる可能性も十分にありうる。

日本の歴史教科書は書き換えられるのか

インドの歴史教科書が書き換えられている。

それでは、日本の歴史教科書はどうだろうか。近年の世界史の教科書では人種的記述はなされていないようであるが、相変わらず「アーリヤ人の侵入」は語り続けられている。インド古代史をあつかった歴史書においてはどうであろうか。

第Ⅲ章で引用した山崎元一『古代インドの文明と社会』は、二〇〇九年に中公文庫版として出版されている。それをみると、「アーリヤ人は先住民ダーサを「黒い肌の者」と呼んでいる」という部分は出てくるものの「「牡牛の唇を持つ者」「鼻のない（低い）者」とも呼び人種の違いを強調」という箇所は、削除されている。『新インド学』を読んで修正を施したのではないか。そんな思いで素直に喜んだ。しかし、そんな甘い考えは水島司監修『一冊でわかるインド史』（二〇二一年）を読んで吹っ飛んだ。

この本では「アーリア人」についてはこうある。

　アーリヤ人は先住民を「悪魔」や「野蛮人」を意味する「ダーサ」と呼び、その見た目から「黒い肌をした者」「牡牛の唇を持つ者」「無鼻」などと表現します。このダーサは、現在の南インドに多く暮らすドラヴィダ人の祖先という説もありますが、反対意見も多く存在します。（水島監修 二〇二一、三〇頁）

この「牡牛の唇を持つ者」「無鼻」は、マックス・ミュラーの『リグ・ヴェーダ』解釈による。また、その解釈がおそらく人種差別に基づいておこなわれたことや原文の訳には別の解釈が必要なことは、すでに第Ⅲ章で指摘したのでここでは繰り返さない。二〇〇二年に出版された本書の元版で指摘したことが、一向に反映されていないことに愕然とする。

二十一世紀を迎え四半世紀が過ぎようとしている。しかし、十九世紀半ばにおこなわれた人種差別的な『リグ・ヴェーダ』の解釈が未だに巷に流布している。言論界ではPC（ポリティカル・コレクトネス）が叫ばれるようになって、言葉狩りのように、差別的言辞が糾弾され葬られてきた面がある。しかし、ことインドとなると「その見た目から「黒い肌をした者」」とか、「牡牛の唇を持つ者」「無鼻」といった表現が許される。そう考える人がまだまだ多いということなのか。

本書で「インド古代史の一大イベントである「アーリヤ人の侵入」の記述の訂正を真剣に考えるべきときがきている」（一六二―一六三頁）と指摘して、すでに四半世紀近くが経つ。残念ながら、それはまだ実現していない。四半世紀はかなり長い年月である。それでも訂正されなかったのだから、これからも直されないのではないか。諦めの気持ちをもちつつ、本書の学術文庫での再刊によって、訂正がおこなわれることを願うしかない。

インダス文明は大河文明ではない

本書でふれたインダス文明について、本書刊行後、地球研でプロジェクトをおこなったことはすでに述べた。その成果を『インダス文明の謎――古代文明神話を見直す』（京都大学学術出版会、二〇一三年）として出版した。そこで強調したのは以下の点である。

(一)インダス文明は大河文明ではない。インダス文明遺跡の分布をみると、インダス川流域に分布する遺跡の数は多くはない。また、川の水を利用した農業だけではなく、モンスーンによる降雨を利用した農業もみられる。

㈡サラスヴァティー川はインダス文明時代、すでに大河ではなかった。

㈢インドのグジャラート州カッチ県に多くのインダス文明遺跡が分布している。インダス文明時代には今より二メートル海水面が高く、これらの遺跡が海に面していた。

これら根拠の詳細は拙著に譲るとして、ここでは㈡について、取り上げておく。

二〇一一年、アメリカ地球物理学連合（AGU）の特別セッションであるチャップマン会議の「気候、過去の風景、文明」で、我々のプロジェクトの成果として、当時広島大学にいた前杢英明（現在は法政大学教授）が「ガッガル川は盛期ハラッパー期に大河サラスヴァティー川だったのか（Was the Ghaggar River Mighty Saraswati during Mature Harappan Period?）」と題するポスターセッションで発表し、それがアメリカの科学誌『サイエンス』に掲載された。そのときには、とくに反応がなかった。

しかし、二〇一三年二月、チャップマン会議の発表をまとめた論文集『気候、風景、文明（*Climates, Landscapes, and Civilizations*）』（American Geophysical Union）が出版され、そこに前杢他著「盛期ハラッパー期におけるガッガル川の河況に関する地形学的制約（Geomorphological Constraints on the Ghaggar River Regime During the Mature Harappan Period）」が掲載されたところ、インドからメールが届くようになったそうだ。それらによるとガッガル川の下には地下水脈があり、サラスヴァティー川は現在も流れているという。じつは、NHKスペシャル「四大文明 インダス」(二〇〇〇年七月二十三日放送、NHK総合)においても、この地下水脈が紹介されていて、その地下水脈をもってサラスヴァティー川が流れていたという説明がなされていた。

すでに述べたように、ヒンドゥー・ナショナリストたちはインダス文明を「シンドゥ・サラスヴァティー文明」と呼んで、一部の州では教科書の書き換えもおこなわれている。ところが、この前杢他論文では、インダス文明期にはサラスヴァティー川は大河ではないと指摘している。メールを送ってきた人がヒンドゥー・ナショナリストなのかどうかはわからない。ただ、「シンドゥ・サラスヴァティー文明」と呼ぶことに賛同する人であることはまちがいない。メールの内容に迫力があったためか、前杢教授は今後インドに行けなくなるのではないかと不安がっていた。「大丈夫。インドは多様性の国だから、そんな主張の違いではインド入国拒否とはならない」と答えたことを思い出す。

サラスヴァティー川が地下水脈として現在も流れているかどうかが問題なのではない。インダス文明時代に大河だったかどうかが問題なのだ。我々のプロジェクトによる調査では、砂がいつから光を浴びていないかを調べる、光ルミネッセンス法という年代測定法を使って、ガッガル川沿いの砂丘がインダス文明期にすでに堆積していたことをあきらかにした。つまり、砂がたまるということは大河ではなかったということになる。

もう一つ、(一)インダス文明は大河文明ではない、についても述べよう。

拙著執筆以後、インダス文明に関する授業をあちこちの大学で受け持っている。その授業では「インダス文明は大河文明でない」と学生に言い続けている。すると、学生からかならず次のような質問がでる。高校の教科書では、インダス文明を大河文明と習うけれど、先生が強調する「インダス文明は大河文明でない」に、いつ教科書が書き換えられるのか。その質問に対しては「残念ながらおそらく書き換えられないと思う」と答える。

それはなぜなのか。古代四大文明は大河文明である、という大きな前提が崩れてしまうことを望まないからだ。また、モヘンジョ・ダロ遺跡とハラッパー遺跡だけを取り上げれば、支流を含めたインダス川流域にあることには変わりがない。古代文明は大河流域に勃興した大河文明である。このグランドセオリーを堅持したい人々にとっても、申し開きができる。だから「インダス文明は大河文明でない」と教科書に書かれる日は来ないのではないだろうか。

ただし、マヤ文明のように、大河に依存しない古代文明もある。つまり、このグランドセオリー自体も絶対的なものではない。マヤ文明研究の第一人者である青山和夫は、「マヤ文明　最新の研究成果」(二〇二三年五月二日放送「視点・論点」NHKEテレ)でこう述べている。「独自に発展したマヤ文明の研究は、西洋社会と接触後の社会の研究だけからは得られない、新たな視点や知見を人類史に提供し、いわゆる「四大文明」(メソポタミア、エジプト、インダス、古代中国)中心的な世界史の脱構築につなが」る。いつまで四大文明で世界の古代史が語られ続けるのか。四大古代文明以外の研究成果によっては、このグランドセオリーが崩れるかもしれないが、そのときにはじめてインダス文明が見直される日も来るのかもしれない。

インドは遠い国

「アーリヤ人」をめぐって、人種差別的な記述が一向に直らない。これには何か理由があるのではないか。

海外の地名や人名は現地の発音を反映させる。これが新聞などでの原則である。たとえば、ロシアとウクライナとの戦争がはじまったとたん、「キエフ」が「キーウ」に、また一九八六年に最悪の原発事故が起きた「チェルノブイリ」は「チョルノービリ」に、新聞、テレビの報道が一斉に変わった。ウクライナの地名は、ウクライナ語の発音を反映させようということで、変わったのだ。しかし、「チェルノブイリ」原発事故はソ連時代に起きたことで、はたして「チョルノービリ」原発事故と呼ぶべきなのか。また歴史上実在した国である「キエフ公国」は「キーウ公国」と呼ぶべきなのか等々、いくつかの疑問がすぐに浮かぶ。

地名の呼び方がいかに政治と関連しているかを目の当たりにした日々だった。

一九八〇年代にアメリカ大統領だった「レーガン」が「リーガン」と呼ばれていたことがあった。それが「レーガン」に表記の統一がおこなわれたのだが、こちらはかなり複雑だ。最初、レーガン自身、ハリウッド時代には「ロナルド・リーガン」となのっていたが、共和党大統領候補指名にあたって、自分のルーツであるアイルランド語の発音を採用し「レイガン」となのることを発表したのだ。日本のマスコミではしばらくどちらの表記もみられた。

しかし、ほどなく「レーガン」に統一されたのである。

ところが、インドの人名表記はどうだろうか。

独立の父といえば、マハートマー・ガーンディーである。今、インドの紙幣は高額紙幣から低額紙幣まで、このガーンディーの肖像が使われている。日本ではこの人の名前を「ガンジー」と表記するケースが多々みられる。一九八二年に作られた映画『GANDHI』は第五十五回アカデミー賞八部門受賞の話題作だったが、この日本語のタイトルも「ガンジー」と表記されている。

なぜこの表記が生まれたのか。第二次世界大戦以前には、外国語を表記するときに、Dではじまるものをダ行で写し、DHI（インドの言語の多くは有気音といわれる息を外に吐き出す音があり、DHはその有気音にあたる）をダ行のヂに写し、「ガンヂー」と表記されていたのを、戦後、「ヂ」と「ジ」が「ジ」に統一されたために「ガンジー」となったのだ。今でも「ラジオ」など、かつて「ヂ」とされたものがジで写されたものもあるが、「ビルヂング」などは「ビルディング」と表記される。ただし、この「ガンディー」という表記は、帆足理一郎『トルストイとガンディーの宗教思想』（警醒社書店、一九二二年）のように、戦前からみられる。

このダ行のカタカナ表記でいえば、HINDUが「ヒンヅー」と表記されていたものが戦後「ヒンズー」となって今日にいたる。「ヒンズー教」はこの古い表記を引きずっているとしてまだ理解できる。しかし、HINDIを「ヒンズー語」とするのはいかがなものか。これだと

「ヒンズー教徒」だけがしゃべる言語のように思われてしまう。ヒンディー語圏では、宗教に関係なく、キリスト教徒だろうが、ジャイナ教徒だろうが、ヒンディー語を話す。

インド史の大家だった辛島昇が編集した『インド入門』（東京大学出版会、一九七七年）のなかで、「最後に本書で用いたインド名（地名・人名・書名、その他）の表記法とそのことの意味について一言しておこう」（一〇頁）と述べ、こう指摘している。

今一歩つっこんで言うならば、それは、実は明治以来日本がアジアを切り捨てて西洋に追従してきたことの一つの帰結でもある。即ち、ケネディーをケネジーと書くことは夢想だにしないのに、ガンディーをガンジーと書かせようとする編集者、ニューデリーの有名な通りであるジャンパット Jan Path の th をスと信じて疑わず、ジャンパスと書く新聞、ヒンドゥーをヒンズーとさせる放送局など、例を挙げればきりがないが、そのような数多くの事例の存在は、近代日本がたどってきた道を期せずして指し示すものに他ならない。（一一頁）

この本が出版されたのは一九七七年のことである。それから五十年近く経つが、未だに「ガンジー」であり、「ヒンズー」なのである。五十年近く前の『インド入門』に書かれただけではない。すでに百年以上前の一九二三年に、「ガンディー」という表記が使われていたにもかかわらず、相変わらず、「ガンジー」である。これをみると、「アーリヤ人」の人種差別的解釈などは直らないのではなかろうか。

なぜ、「ジ」と「ディ」、「ズ」と「ドゥ」を区別する必要があるのか。ガーンディーの母語であるグジャラート語にしても、インド国内でもっとも通用しているヒンディー語にしても、これらの音の区別がみられる。たとえば、「ガンジー」と発音したら、ヒンディー語では「肌着のシャツ」を意味する。また、ガーンディーは一般に尊敬の意味を込めて「ガーンディージー」（ジーは尊称）と呼ばれている。つまり、「ディ」を「ジ」と発音することで意味が変わってしまうのである。モディー首相を誰も「モジ」とは表記していない。ガーンディーの表記を「ガンディー」（音引き「ー」の有無は意味が通じないレベルではないので、あえて問わない）と変えるぐらいは、その気になればできるのではないか。

古い表記を引きずっているために、こうした表記がなくならないのかというと、どうやらそんな話ではない。最近の例をみると、もっとひどい表記が使われている。

今や世界一の人口を誇るインドだ。最新ＩＴ産業が盛んな国として有名となり、インドに行く機会が増えた日本の企業人も多いはずだ。かれらをはじめ、日本人が手放せないのが携帯電話である。とくに、どこかまだ知らない場所に行きたいときに活躍するアプリがある。それがグーグルマップやグーグルアースである。

ご存じのように、グーグルアースは世界中の衛星画像を無料で公開しているウェブ・アプリケーションで、航空写真をもとにした地図を提供しているのがグーグルマップである。このインド地名の日本語表記が目を覆いたくなるほどひどい。あまりにも現地発音とちがうので、たぶん現地の人は理解不能であろう。筆者はラーンチー大学に六年以上留学していたので、ラーンチーの地名をよく知っているが、Dhurwa は「ドハーワ」、Hatia は「ハシャ」とカタカナ表記されている。前者は「ドゥルワー」で後者は「ハティヤー」（イにアが続くとヤになる）と呼ぶが、ヒンディー語地名のローマ字表記を無理やり英語で読ませているためにこのようになったのだろう。あるいは、IT企業の面目躍如でローマ字表記を自動でカタカナに変換しているのかもしれない。辛島が指摘したように、「アジアを切り捨てて西洋に追従して」いる状態が携帯アプリにまで影響している。グーグルの最高経営責任者（CEO）は二〇二四年現在、インド出身のスンダル・ピチャイ（ウィキペディアではサンダー・ピチャイと表記されている）である。CEOの出身地であるインドの地名が日本語表記でまったく現地発音を無視している状況は早急に改善されてしかるべきだ。

なんどでもいう。インドは世界一の人口を誇る。そのインドについて、人名や地名のカタカナ表記をみても、現地発音を無視した状態が続いている。新型コロナウイルスが流行したときに、デルタ株を「インド型」と呼んでいたが、これもインドだからいいだろうという判断なのだろう。もし新型コロナを「中国風邪」と呼んでいたとしたら、中国政府から大抗議をうけたと思うが、さすがに中国政府の意向に敏感な日本のマスコミは「中国風邪」とは呼ばない。しかし、「インド型」と呼び、堂々と報道されることに何の違和感ももたない。インドは遠い国である。

主要参考文献

＊おもな参考文献を和文文献（翻訳を含む）と欧文文献にわけて記載した。和文文献は五十音順、欧文文献はアルファベット順とした。なお、学術雑誌掲載の欧文文献は必要不可欠なものをのぞき省略した。

和文文献

ヴィンテルニッツ　一九六四『インド文献史』第一巻「ヴェーダの文学」中野義照訳、日本印度学会。

オランデール、モーリス　一九九五『エデンの園の言語――アーリア人とセム人：摂理のカップル』浜﨑設夫訳、法政大学出版局。

風間喜代三　一九七八『言語学の誕生――比較言語学小史』岩波書店（岩波新書）。

――　一九九三『印欧語の故郷を探る』岩波書店（岩波新書）。

グラーゼナップ、ヘルムート・フォン　一九八三『東洋の意味――ドイツ思想家のインド観』大河内了義訳、法蔵館。

高津春繁　一九九二『比較言語学入門』岩波書店（岩波文庫）。

近藤英夫・ＮＨＫスペシャル「四大文明」プロジェクト（編）二〇〇〇『四大文明　インダス』日

本放送出版協会。

サイード、エドワード・W 一九九三『オリエンタリズム』上・下、板垣雄三・杉田英明監修、今沢紀子訳、平凡社（平凡社ライブラリー）。

シュレーゲル、Fr. 一九七八『ロマン派文学論』山本定祐編訳、冨山房（冨山房百科文庫）。

ダーウィン、チャールズ 一九六七『人類の起原』池田次郎・伊谷純一郎訳、『ダーウィン』（世界の名著）、今西錦司責任編集、中央公論社。

―― 一九九〇『種の起原』上・下、八杉龍一訳、岩波書店（岩波文庫）。

田中利光 一九八八「ウィリアム・ジョーンズと印欧語族の認識」、『言語研究』第九三号。

津田元一郎 一九九〇『アーリアンとは何か――その虚構と真実』人文書院。

中根千枝 一九九〇『未開の顔・文明の顔』中央公論社（中公文庫）。

ハリス、ロイ&タルボット・J・テイラー 一九九七『言語論のランドマーク――ソクラテスからソシュールまで』斎藤伸治・滝沢直宏訳、大修館書店。

ベーラー、エルンスト 一九七四『Fr. シュレーゲル』安田一郎訳、理想社。

ポリアコフ、レオン 一九八五『アーリア神話――ヨーロッパにおける人種主義と民族主義の源泉』アーリア主義研究会訳、法政大学出版局。

前嶋信次 一九八五『インド学の曙』世界聖典刊行協会。

松井透 一九六五「イギリスのインド支配の論理――ヨーロッパの自意識とアジア観」、『思想』第四八九号。

―― 一九六七「ウィリアム・ジョーンズのインド論とインド統治論」、『東洋文化研究所紀要』第四四冊。
水島司監修 二〇二一『一冊でわかるインド史』河出書房新社。
山崎元一 一九九七『古代インドの文明と社会』中央公論社（のち中公文庫、二〇〇九年）。
レンフルー、コリン 一九九三『ことばの考古学』橋本槙矩訳、青土社。

欧文文献

Allchin, F. Raymond 1995, *The Archaeology of Early Historic South Asia: The Emergence of Cities and States*. Cambridge: Cambridge University Press.

Alter, Stephen G. 1999, *Darwinism and the Linguistic Image: Language, Race, and Natural Theology in the Nineteenth Century*. Baltimore and London: Johns Hopkins University Press.

Arberry, A. J. 1946, *Asiatic Jones: The Life and Influence of Sir William Jones (1746-1794), Pioneer of Indian Studies*. London: Published for the British Council by Longmans, Green.

Auroux, Sylvain, E. F. K. Koerner, Hans-Josef Niederehe and Kees Versteegh (eds) 2000, *History of the Language Sciences*. Vol. 1, Berlin and New York: de Gruyter.

Bronkhorst, Johannes and Madhav M. Deshpande (eds) 1999, *Aryan and Non-Aryan in South Asia: Evidence, Interpretation, and Ideology*. Cambridge: Department of Sanskrit and Indian Studies, Harvard University.

Bryant, Edwin 2001, *The Quest for the Origins of Vedic Culture: The Indo-Aryan Migration*

Debate. Oxford: Oxford University Press.

Cannon, Garland 1990, *The Life and Mind of Oriental Jones: Sir William Jones, the Father of Modern Linguistics*. Cambridge: Cambridge University Press.

Cannon, Garland (ed) 1970, *The Letters of Sir William Jones*. 2 Vols. Oxford: Clarendon Press.

Cannon, Garland and K. R. Brine (eds) 1995, *Objects of Enquiry: The Life, Contributions, and Influences of Sir William Jones (1746-1794)*. New York: New York University Press.

Chaudhuri, Nirad C. 1974, *Scholar Extraordinary: The Life of Professor the Rt. Hon. Friedrich Max Müller. P. C.* London: Chatto & Windus.

Deshpande, Madhav M. 1995 "Vedic Aryans, non-Vedic Aryans, and non-Aryans: Judging the Linguistic Evidence of the Veda", George Erdosy (ed), *The Indo-Aryans of Ancient South Asia: Language, Material Culture and Ethnicity*. Berlin: de Gruyter, pp. 67-84.

Erdosy, George (ed) 1995, *The Indo-Aryans of Ancient South Asia: Language, Material Culture and Ethnicity*. Berlin: de Gruyter.

Frawley, David 1994, *The Myth of the Aryan Invasion of India*. 2nd ed., 1988, New Delhi: Voice of India.

Hock, Hans Henrich 1999a, "Out of India? The Linguistic Evidence", Johannes Bronkhorst and Madhav M. Deshpande (eds), *Aryan and Non-Aryan in South Asia: Evidence, Interpretation, and Ideology*. Cambridge: Department of Sanskrit and Indian Studies,

Harvard University, pp. 1-18.

——1999b, "Through a Glass Darkly: Modern 'Racial' Interpretations vs. Textual and General Prehistoric Evidence on Ārya and Dāsa / Dasyu in Vedic Society", Johannes Bronkhorst and Madhav M. Deshpande (eds), *Aryan and Non-Aryan in South Asia: Evidence, Interpretation, and Ideology*. Cambridge: Department of Sanskrit and Indian Studies, Harvard University, pp. 145-174.

Jones, William 1807, *The Works of Sir William Jones, with the Life of the Author, by Lord Teignmouth*. 13 Vols. London: J. Stockdale, Piccadilly and J. Walker, Paternoster-Row.

Kaul, R. K. 1995, *Studies in William Jones: An Interpreter of Oriental Literature*. Shimla: Indian Institute of Advanced Study.

Kejariwal, O. P. 1988, *The Asiatic Society of Bengal and the Discovery of India's Past, 1784-1838*. Delhi: Oxford University Press.

Kennedy, Kenneth A. R. 1995, "Have Aryans been Identified in the Prehistoric Skeletal Record from South Asia? Biological Anthropology and Concepts of Ancient Races", George Erdosy (ed), *The Indo-Aryans of Ancient South Asia: Language, Material Culture and Ethnicity*. Berlin: de Gruyter, pp. 32-66.

Kenoyer, Jonathan Mark 1998, *Ancient Cities of the Indus Valley Civilization*. Karachi: Oxford University Press.

Koerner, E. F. K. 1989, *Practicing Linguistic Historiography: Selected Essays*. Amsterdam: J.

Benjamins.

Koerner, E. F. K. (ed) 1983, *Linguistics and Evolutionary Theory: Three Essays by August Schleicher, Ernst Haeckel, and Wilhelm Bleek*. Amsterdam: J. Benjamins.

Kopf, David 1969, *British Orientalism and the Bengal Renaissance: The Dynamics of Indian Modernization 1773-1835*. Berkeley and Los Angels: University of California Press.

Kuiper, F. B. J. 1991, *Aryans in the Rigveda*. Amsterdam: Rodopi.

Leach, Edmund 1990, "Aryan Invasions over Four Millennia", Emiko Ohnuki-Tierney (ed), *Culture through Time: Anthropological Approaches*. Stanford: Stanford University Press, pp. 227-245.

Leopold, Joan 1970, "The Aryan Theory of Race in India, 1870-1920, Nationalist and Internationalist Visions", *The Indian Economic and Social History Review* 7 (2), pp. 271-297.

——1974, "British Applications of the Aryan Theory of Race to India, 1850-1870", *The English Historical Review* 89 (352), pp. 578-603.

——1999, "Max Müller and the Linguistic Study of Civilization", *Prix Volney Essay Series*. Vol. 3, Dordrecht: Kluwer Academic Publishers, pp. 1-106.

Leopold, Joan (ed) 1999, *Prix Volney Essay Series*. 3 Vols., Dordrecht: Kluwer Academic Publishers.

Mukherjee, S. N. 1968, *Sir William Jones: A Study in Eighteenth-Century British Attitudes to India*. London: Cambridge University Press.

Müller, Friedrich Max 1849 (1999), "Comparative Philology of the Indo-European Languages and Its Bearing on the Early Civilization of Mankind", Joan Leopold (ed), *Prix Volney Essay Series*. Vol. 3, Dordrecht: Kluwer Academic Publishers, 1999, pp. 108-206.

——1860, *A History of Ancient Sanskrit Literature: So Far as It Illustrates the Primitive Religion of the Brahmans*. London: Williams and Norgate.

——1888, *Biographies of Words and the Home of the Aryas*. London: Longmans, Green.

——1891, *The Science of Language: Founded on Lectures Delivered at the Royal Institution in 1861 and 1863*. 2 Vols., London: Longmans, Green.

Murray, Alexander (ed) 1998, *Sir William Jones 1746-1794: A Commemoration*. Oxford: Oxford University Press.

Parpola, Asko 1988, "The Coming of the Aryans to Iran and India and the Cultural and Ethnic Identity of the Dāsas", *Studia Orientalia,* Vol. 64, pp. 195-302.

Rajaram, N. S. 1993, *Aryan Invasion of India, the Myth and the Truth*. New Delhi: Voice of India.

Rajaram, N. S. and David Frawley 1995, *Vedic "Aryans" and the Origins of Civilization: A Literary and Scientific Perspective*. Quebec: World Heritage Press, 2nd ed., New Delhi: Voice of India, 1997.

Rocher, Rosane 1968, *Alexander Hamilton (1762-1824): A Chapter in the Early History of Sanskrit Philology*. New Haven: American Oriental Society.

——1983, *Orientalism, Poetry, and the Millennium: The Checkered Life of Nathaniel Brassey Halhed, 1751-1830*. Delhi: Motilal Banarsidass.

Schwab, Raymond 1984, *The Oriental Renaissance: Europe's Rediscovery of India and the East, 1680-1880*. translated by Gene Patterson-Black and Victor Reinking, New York: Columbia University Press. (英語版。原書は仏語で一九五〇年刊行)

Shaffer, J. G. 1984, "The Indo-Aryan Invasions: Cultural Myth and Archaeological Reality", John R. Lukacs (ed), *The People of South Asia: The Biological Anthropology of India, Pakistan, and Nepal*. New York: Plenum Press, pp. 74-90.

Stache-Rosen, Valentina 1990, *German Indologists: Biographies of Scholars in Indian Studies Writing in German*. 2nd rev. ed., New Delhi: Max Mueller Bhavan.

Taylor, Isaac 1890, *The Origin of the Aryans: An Account of the Prehistoric Ethnology and Civilisation of Europe*. London: Walter Scott.

Wheeler, R. E. M. 1947, "Harappa 1946: The Defences and Cemetery R 37", *Ancient India*, No. 3, pp. 58-130.

Witzel, Michael 1995, "Ṛgvedic History: Poets, Chieftains and Polities", George Erdosy (ed), *The Indo-Aryans of Ancient South Asia: Language, Material Culture and Ethnicity*. Berlin: de Gruyter, pp. 307-352.

あとがき

二〇〇一年三月に、「はたしてアーリヤ人の侵入はあったのか？　ヒンドゥー・ナショナリズムの台頭のなかで――言語学・考古学・インド文献学」という一五〇枚以上ある長文の論文を、私はその当時の勤務先であった国際日本文化研究センター（日文研）の紀要『日本研究』に掲載した。そして、その論文を読んだ日文研の井上章一さんと稲賀繁美さん（肩書きや所属はすべて二〇〇二年当時。以下同じ）が、「これをもとに本にしたらどうか」と提案してくださった。それが本書のきっかけである。その後出版が決まるまでは、紆余曲折があった。しかしわれらが師匠、山折哲雄日文研所長が、角川書店を紹介してくださった。角川書店に声をかけてくださった山折先生、また本を出版しようという気持ちにさせてくれた井上・稲賀両氏には感謝したい。

本来は、先にあげた論文にもとづいて、「アーリヤ人の侵入」をめぐるインドでの動向をふくらませてまとめて本書を書けばと考えていたが、執筆しはじめてみると、当初の予定よりは関心が広がっていった。また、ヒンドゥー・ナショナリズムの動向については、小川忠の『ヒンドゥー・ナショナリズムの台頭』（NTT出版、二〇〇〇年）や『インド　多様性大国の最新事情』（角川書店、二〇〇一年）などの著作（校正中にはそのものズバリの中島岳志著『ヒンドゥー・ナショナリズム』中公新書ラクレ、二〇〇二年も出版された）があって、そちらに詳しくまとめられており、別な角度からのインド像へのアプローチが必要なのではないかと思うようになった。そして一方では、「アーリヤ人侵入説」がヨーロッパでいかに形成されていったのか。その背後にある比較言語学がどのように形成されていったのか。そちらへの関心がどんどんと広がっていき、言語学史やインド学史と重ね合わせると、おもしろいものができるのではないか、そう予感するようになった。無知をさらすようだが、それまで存在すらしらなかった『オリエンタル・ルネッサンス』を日文研の図書室でみつけたのも、ヨーロッパでのインド学成立過程をとりあげる決断をうながした。

その結果、先の論文とはずいぶんちがう、ほとんどが書き下ろしに近いものとなってしまった。既出の論文と章ごとの関係をここでしめしておく。

第Ⅰ章　完全書き下ろし
第Ⅱ章　完全書き下ろし
第Ⅲ章　第二節の一部に「はたしてアーリヤ人の侵入はあったのか？　ヒンドゥー・ナショナリズムの台頭のなかで――言語学・考古学・インド文献学」を使用したが、それ以外は書き下ろし
第Ⅳ章　第一節、第二節とも、「はたしてアーリヤ人の侵入はあったのか？　ヒンドゥー・ナショナリズムの台頭のなかで――言語学・考古学・インド文献学」を利用した

第Ⅴ章　第一節に「インド・日本・キリスト教――はたしてバイアスなき宗教研究はなりたつのか」、山折哲雄・長田俊樹編『日本人はキリスト教をどのように受容したか』所収（国際日本文化研究センター、一九九八年）の一部を使用。また、第二節に「ムンダ人の稲魂観念について――インド稲作文化異質論をめぐって」、『農耕の技術と文化』第一八号所収（一九九五年）の一部を使用
が、表現等は大幅に改変した

本書はこれらの論文とはずいぶんことなったものとなったために、論文にコメントをくださった諸先生方の助言などを活かすことができなかった。その点は残念だが、論文にはかなり詳細な文献が紹介されており、本書に興味をお持ちの方は、論文を参照していただければ幸いである。

ウィリアム・ジョーンズからマックス・ミュラーにいたる言語学史への興味は学生時代から持ちつづけていたが、それはひとえに、私に言語学の手ほどきをしてくださった池上二良北海道大学名誉教授と田中利光北海道大学名誉教授のおかげである。とくに、田中先生の「比較方法」の授業を受け、その課題として言語学史上の一人を選んでレポートを書かされた記憶がある。そのときはたしかブルームフィールドを選んだように思う。また、本書でも、田中先生のウィリアム・ジョーンズに関する論文を利用させていただいた。

一方、筆者の指導教官であった池上先生にはインド留学へのあいさつにうかがったとき

に、「長田君、くれぐれも糸の切れたタコにだけはならないように、気をつけてくれたまえ」といわれたことを、今でも鮮明に覚えている。本書が両先生から出された宿題のレポートとして、どのように評価していただけるのか。不安と期待が入り交じった、テスト用紙をかえしてもらう直前の生徒の気分だ。

本書の執筆過程で、超過密スケジュールのなか、草稿に目を通してくれた日文研の稲賀さん、インド学の若きホープ小林正人君、そして時代錯誤といわれながらもドイツ民族学の伝統の灯を守るべくドイツ留学中の山田仁史君から、コメントや細かいあやまりの指摘を受けた。また、角川叢書を担当する飛鳥企画の伊藤賢治さんには、いろいろとご面倒をおかけした。これらの方々の名をあげて感謝の意を表したい。

最後に、私事で恐縮だが、大学在学中から探検部部員としてむちゃばかりし、インド留学中にも、いろいろと心配ばかりかけてきた両親、「木をみて森をみず」とならぬようにと留学中に手紙をくれた父、そして「いつまでもあると思うな親と金」を口癖としてきた母に本書をささげたい。両親ともども八十歳を超したが、健康に気をつけて長生きしてくれることを心から祈っている。

二〇〇二年六月十一日　父の八十二歳の誕生日に記す

長田俊樹

学術文庫版あとがき

二〇〇三年十月のことである。

本書の原本である『新インド学』（角川書店、二〇〇二年）が日本南アジア学会の分科会「南アジア研究とインド学」で取り上げられ、発表者として呼ばれたのである。南アジア学会で認められたんだと小躍りして出かけていった。しかし、それが期待とはちがう結末を迎えることになろうとは、まったく思ってもみなかった。

分科会では私が最初に「ムンダ研究からの一提言――インド学・南アジア地域研究・新インド学」と題して発表し、あと二名ほどの発表があった。そこまでは何も感じなかったのだが、会場からコメントを求めたところ、そのコメントがすべて「自分は悪くない」と言わんばかりに、自己弁護に終始したのだ。ここでようやく気がついた。『新インド学』が従来のインド研究への告発の書と映っていることに。告発も非難もしてはいない。テキスト偏重のインド学にコンテキストに即した新インド学も加えることを主張したに過ぎない。それはこの学術文庫版を読んでいただければわかるはずである。

もっと驚いたのは懇親会の席上での、ある先生の発言である。その先生は懇親会で乾杯の音頭をとったのだが、その際、耳を疑うようなことをいいはなったのだ。

「こんなことをいうと長田先生に怒られるかもしれませんが、南アジア研究のさらなる発展を祈願して、カンパーイ！」

まるで長田の書は南アジア研究の発展を阻害しているといわんばかりに宣言したのである。私はあきれてしまって、その場を早々に立ち去った。後で聞いた話では、その先生は『新インド学』を読んだわけではなく、中島岳志の書評（『地域研究スペクトラム』第九号（二〇〇三年）に掲載）を読んで激怒したそうだ。本を読まずして、書評を読んで激怒する。これにも驚いたが、山折哲雄日文研所長（当時）が本の帯に「言語学の偉材が、現実のインド体験の深みから学問の魅力を語り、批判の雄叫びをあげている」と書いたことも、この先生に悪印象を与えたのかもしれない。なぜ乾杯の音頭に「こんなことをいうと長田先生に怒られるかもしれませんが」と子供じみたことをいったのか。その真意を聞いてみたかった。しかし、この先生は亡くなってしまったので、今となってはその真意は闇の中である。

分科会に呼ばれたときに聞かされていたのは、『新インド学』を学会誌『南アジア研究』で大々的に取り上げる予定で、南アジア学会でのディスカッションも反映したいということだった。しかし、『新インド学』を取り上げることに反対する方々がいて、ついに特集はおろか、書評すら出なかった。

この一件があって、私は南アジア学会を退会した。

そして、総合地球環境学研究所（地球研）でインダス文明に関するプロジェクトに専念した。そのプロジェクトでは、インドで二ヶ所、日本隊による初めての発掘をおこない、アメリカの科学誌『サイエンス』にも取り上げられ、それなりの成果をあげたと自負している。プロジェクトが終わった後、プロジェクトの成果をまとめて『インダス文明の謎――古代文明神話を見直す』と題する本を上梓した。

この時にも驚かされることがあった。一つはこの出版社の編集長が学術書の書き方に関する本を共著で執筆した際に、目次の見出しが悪い例として『インダス文明の謎』を取り上げたのだ。悪いと思うのであれば、なぜ出版前にいってくれないのか。長田ならばこれぐらいっても問題ないと考えたのか。いろいろといいたいことはあったが、これも怒りを通り越してあきれてしまった。もう一つは、プロジェクトに参加していた若手がこの本に対する批判的な書評を書いたのである。書評氏がいいたいことはあきらかだった。プロジェクトは素晴らしかったが、そのプロジェクトリーダーの書いた本はダメだ。プロジェクトはリーダーとは関係なくおこなわれたのかとツッコみたくなる。しかし、道義を無視した批判に何をいっても通じないのだから、漫画みたいな現実にただ笑うしかない。

乾杯の際の発言は別にして、旧来のインド学が「新インド学」なるものに、程度の差はあれ不快感を覚えることは理解できなくはない。自社の本とはいえ他人の出版物を悪例としてあげることや、自分の参加したプロジェクト成果本を公の場で批判するのは道義的にどうかと思うが、考古学のド素人がインダス文明について一書を著すことに、考古学を専門とする人が反発することは、立場が変われば十分ありえそうだ。実際、私自身、言語学の大家とされる上田万年について、言語学の素人だとはっきりと書いている。

こうした不快感や反発は、私の日頃のおこないや言動に起因しているのかもしれない。反省するしかない。また、これはきっと神様がインダス文明を含むインド研究はやめなはれといっているにちがいない。そう判断して、インド研究からは遠ざかることにした。その後は言語学に専念し、単著として『上田万年再考——日本言語学史の黎明』(ひつじ書房、二〇二三年)、編著として『日本語「起源」論の歴史と展望——日本語の起源はどのように論じられてきたか』(三省堂、二〇二〇年)などの本を出版してきた。

ところが、二〇二四年正月、突然、講談社学術文庫の担当者から『新インド学』を学術文庫として再刊したい旨の手紙をいただいたのである。神は我をお見捨てではなかったか。天にも昇る心地で快諾したのである。

二〇一二年、任期制だった地球研の任期が終わったあと、定職をえることができなかった。それを気にかけてくれたオーストラリア国立大学(ANU)のニコラス・エヴァンズ教授がANUの客員研究員に迎えてくれた。また、フランス国立社会科学高等研究院のアレキサンダー(サーシャ)・ヴォヴィン教授がヨーロッパで立ち上げた「日本語語源辞書編纂プロジェクト」の研究員として雇ってくださった。お二人には感謝の言葉しかない。残念ながら、サーシャは二〇二二年四月にガンのため亡くなった。この場を借りて哀悼の意を表したい。

日本では、神戸市外国語大学客員教授に任命していただいたが、これは林範彦教授の力添えによるものである。また、地球研のプロジェクトメンバーの中には、科研費によって海外調査に連れて行ってくださった方もいらした。とくにお名前をあげないが、これらの方々によるご支援があって、定職がない時期をなんとか乗り切ることができた。

学術文庫として再刊するにあたっては、講談社の岡林彩子さんに大変御世話になった。すでに出版されたものを文庫にするだけだとタカをくくっていたのだが、岡林さんの熱いコメントとネットを駆使した裏付け調査に関心しきりだった。本書が元の本に勝るとも劣らず、すばらしくなったのは岡林さんのおかげである。この場を借りて感謝を表したい。

本書を妻・マキ、二人の娘たち、美奈と美樹に捧げたい。『新インド学』執筆時には、娘たちを遊園地に連れて行って、その食堂で執筆したことを懐かしく思い出す。

妻はガスや水道はおろか電気も舗装道路もない、ムンダの村で生まれ、一九九〇年から日本に住んでいるが、当初は自動販売機の裏には人が隠れているとおもっていたほど、まったく日本の電化製品に慣れていなかった。今ではそれを使いこなせるようになったが、日本の便利な生活に埋没することなく、むしろインドに住むムンダ人よりムンダ伝統文化を忘れることなく継承しており、筆者のムンダ語、ムンダ文化研究を支えてきた。妻なしでは私の研究は成り立たない。本書の最後に謝意を表しておきたい。

二〇二四年五月二十八日　娘美樹の誕生日に記す

長田俊樹

本書の原本『新インド学』は二〇〇二年に角川叢書の一冊として角川書店から刊行されました。

長田俊樹（おさだ　としき）

1954年生まれ。ラーンチー大学（インド）Ph. D. 取得。総合地球環境学研究所名誉教授及び神戸市外国語大学客員教授。主な著書に，*A Reference Grammar of Mundari,*『ムンダ人の農耕文化と食事文化』，『ムンダ人の農耕儀礼』，『インダス文明の謎』，『上田万年再考』，『日本語「起源」論の歴史と展望』（編）などがある。

定価はカバーに表示してあります。

アーリヤ人(じん)の誕生(たんじょう)

新(しん)インド学入門(がくにゅうもん)

長田俊樹(おさだとしき)

2024年６月11日　第１刷発行

発行者　森田浩章

発行所　株式会社講談社

東京都文京区音羽2-12-21 〒112-8001

電話　編集（03）5395-3512

販売（03）5395-5817

業務（03）5395-3615

装　幀　蟹江征治

印　刷　株式会社広済堂ネクスト

製　本　株式会社国宝社

本文データ制作　講談社デジタル製作

ISBN978-4-06-535926-6

「講談社学術文庫」の刊行に当たって

これは、学術をポケットに入れることをモットーとして生まれた文庫である。学術は少年の心を養い、成年の心を満たす。その学術がポケットにはいる形で、万人のものになることは、生涯教育をうたう現代の理想である。

こうした考え方は、学術を巨大な城のように見る世間の常識に反するかもしれない。また、一部の人たちからは、学術の権威をおとすものと非難されるかもしれない。しかし、それはいずれも学術の新しい在り方を解しないものといわざるをえない。

学術は、まず魔術への挑戦から始まった。やがて、いわゆる常識をつぎつぎに改めていった。学術の権威は、幾百年、幾千年にわたる、苦しい戦いの成果である。こうしてきずきあげられた城が、一見して近づきがたいものにうつるのは、そのためである。しかし、学術の権威を、その形の上だけで判断してはならない。その生成のあとをかえりみれば、その根は常に人々の生活の中にあった。学術が大きな力たりうるのはそのためであって、生活をはなれた学術は、どこにもない。

開かれた社会といわれる現代にとって、これはまったく自明である。生活と学術との間に、もし距離があるとすれば、何をおいてもこれを埋めねばならない。もしこの距離が形の上の迷信からきているとすれば、その迷信をうち破らねばならぬ。

学術文庫は、内外の迷信を打破し、学術のために新しい天地をひらく意図をもって生まれた。文庫という小さい形と、学術という壮大な城とが、完全に両立するためには、なおいくらかの時を必要とするであろう。しかし、学術をポケットにした社会が、人間の生活にとってより豊かな社会であることは、たしかである。そうした社会の実現のために、文庫の世界に新しいジャンルを加えることができれば幸いである。

一九七六年六月

野間省一